戦争の昭和史

令和に残すべき最後の証言

早坂 隆

ワニブックス
PLUS 新書

＊本書は二〇二〇年八月に刊行された書籍『昭和史の声』（飛鳥新社刊）を全面的に復刻、改訂したものである。
＊取材対象者の役職、肩書などは、すべて取材時のものである。

新書版まえがき

本年は「戦後八十年」であり「昭和一〇〇年」でもあるという。我が国の歴史にとって、大切な節目の年と言える。

「戦後七十年」だった平成二十七（二〇一五）年四月、天皇皇后両陛下（現・上皇上皇后両陛下）は、パラオ諸島のペリリュー島に行幸啓《ぎょうこうけい》された。私はフリーのノンフィクション作家としては唯一、この「慰霊の旅」に同行取材することが許された。この時の取材の成果は本書の本文に譲るとして、それから十年、日本はどう変わったのか。それとも変わっていないのか。

世は令和へと移った。世界的な疫病の流行があった。ウクライナでは大きな戦争が勃発した。

「歴史から学ぶことが大事」「歴史の教訓を活かせ」と誰しもが言う。しかし、その歴史教育の内容に歪《ゆが》みはないか。とりわけ先の大東亜戦争に関して、私たちは史実を正確に語り継ぐことができているのだろうか。多くの人々がそんな疑念と不安を抱いている。それらの感情が増幅した十年だったのではないか。

歴史観とは人間の根源である。そして、歴史観とは国家の土台である。国家を国家たらしめるのは、健全な歴史観である。

にもかかわらず、日本では「祖国の歴史」が蔑《ないがし》ろにされている。あまりに偏った歴史教育は、社会を根本から傾かせる。自虐史観でも自賛史観でもなく、まことの自国史と誠実に向き合う歴史教育を取り戻さなければならない。史実に立ち返らなければならない。

十年前、ペリリュー島で両陛下は深く頭を垂れ、平和への思いを表わされた。私たち国民は、その思いを真摯《しんし》に受け止めることができているだろうか。

御霊《みたま》に対して申し訳なく思うような戦後八十年では、あまりに情けない。

真っ当な歴史認識を穏やかに育み、慰霊の心を静かに抱く国民が増えることを願って、本書のまえがきとしたい。

照り渡る月夜に。

早坂　隆

まえがき

大東亜戦争を中心とする昭和史の取材を二十年ほど続けてきた。国内外を問わず、多くの方々のもとを訪ね、様々な証言を集めてきた。

そのような取材を通じて、南京戦や特攻作戦、BC級裁判といった重要な昭和史の出来事に関する貴重で多様な体験談をうかがうことができた。

本書はそんなこれまでの取材の集大成である。すなわち「ノンフィクション」であって「評論」ではない。私は昭和史が遠くなるにつれて「机上の空論」が増加することを危惧している在野の一人だが、この本は世界各地の現場で収集してきた証言をもとにして編んだ一つのドキュメントである。「最近は取材をせずにネット上で情報を集めて記事を書くライターが増えている」とは業界内でよく耳にする話だが、憚《はばか》りながらこの本は史実を追い求めて各地を駆けずり回った一編の記録である。そんな取材の中で、これまで表に出ていなかった新たな史実や秘話と出合うこともできた。

「生の声」は時に告白であり、懇願であり、叫びであった。渓流の小さな瀬音《せおと》のように感じられる時もあれば、荒波が岩に砕ける轟《とどろ》きのように聞こえる時もあった。

歴史を知ることは、国家や社会の今後の行く末を考える上でも、また個人がより良く生きていくためにも、極めて大切な作業である。歴史の中には多くのかけがえのない教訓が含まれている。

それらを適切に吸収していくためには、「空論」ではなく「史実」に立ち返る姿勢が重要である。その上で、歴史認識を多層的に深めていく必要がある。

昭和史とは何だったのか。

昭和史の切なる声に耳を澄ませてほしい。

第五章　空襲と終戦

第一章　日本統治下の生活

パラオ

両陛下のパラオご訪問

「戦後七十年」の節目であった平成二十七（二〇一五）年四月、天皇皇后両陛下（現・上皇上皇后両陛下）がパラオ共和国をご訪問された。

戦前は日本の統治領であり、大東亜戦争中には日米両軍による激戦の地となった同島への「慰霊の旅」である。

私は幸運にも、このご訪問に同行取材することができた。

*

パラオ本島在住のマリア・アサヌマさんは、日本統治時代の記憶を次のように振り返る。言葉は美しい日本語である。

「当時は日本人がいっぱいいてね。豊かだったよ。コロールにはお店がいっぱいあって。商店街ね。ずっと屋根があったから、雨が降っても傘がいらない。スコールがきても大丈夫。大きな公園があったり、噴水があったり。よく遊んだよ。日本人はよくやってくれたから、栄えていましたね」

日本にとって「兄弟国」であるパラオの美しい海

マリアさんの父親は日本人、母親はパラオ人である。南の島の明るい陽光の中、マリアさんの笑みが眩《まぶ》しい。

西太平洋上に位置するパラオ諸島がスペインによって植民地化されたのは一八八五年。その後、スペインはこれらの島々をドイツに売却した。

第一次世界大戦時には、日本海軍が同島を占領。大戦終了後の一九二〇（大正九）年、国際連盟によって日本の委任統治が正式に認められた。

以降、日本はこの地の開発に力を注いだ。その統治方法は、それまでのスペインやドイツが行った搾取と愚民化政策とは大きく異なるものであった。

パラオ最大の町であるコロールには、行政機関「南洋庁」が設置された。さらに、病院や郵便局、港湾施設、高等法院といった施設が次々と設けられた。日本は国策として広く入植者を募集し、この地の開拓に取り組んだ。

日本は小学校や実業学校を創設し、島民にも教育への扉を開いた。マリアさんは学校についてこう語る。

「日本人が行くのは尋常小学校、私たち島民は公学校ね。公学校の先生は日本人。親切でしたよ」

同島にはマレー・ポリネシア語派のパラオ語という言語があったが、島民向けの教育機関である公学校の授業は基本的に日本語で実施された。マリアさんは言う。

「学校は別でも町では日本人と一緒。日本人の友達、いっぱいいたよ」

そんなマリアさんは、日本語のラジオ番組をよく聴いていたという。コロールに日本放送協会本部の直轄による「パラオ放送局」というラジオ局が開設されたのは、昭和十六（一九四一）年九月のことであった。

「日本の歌を聴くのが大好きでした。日本の歌は学校でも習いましたが、ラジオで聴くほうが好きでしたね」

そう言った後、マリアさんは一つの歌を披露してくれた。それは私の知らない歌であった。後に調べてみると、それは多少の表現の違いはあったものの、「花咲く南洋」という歌であることがわかった。

島は数々思いは一つ

同じ日本の旗の下
南洋良いとこ常夏島よ
千里黒潮風が吹く

マリアさんの透明な歌声が、南の島の潮風に乗った。

マリアさんは言う。

「日本時代は良い思い出ですよ。本当に」

前駐日パラオ大使が語る日本時代

前駐日パラオ大使であるミノル・ウエキさんは、昭和六（一九三一）年にパラオのコロール島で生まれた日系パラオ人。ウエキさんは巧みな日本語でこう話す。

「日本時代のパラオは、とても繁栄していました。町もきれいで、店もたくさんあって、私たちは『第二の東京』なんて言っていたんですよ」

ウエキさんが少年時代の記憶をさらに辿る。

「私は尋常小学校に通いました。日本人か、私のように日本人の血が入っている日系の島民が行く学校ですね。日系の島民でも、日本の国籍がない子は公学校に通いました」

同じ日系でも、尋常小学校に通学する子もいれば、前述のマリアさんのように公学校に通う子もいた。ウエキさんは次のように続ける。

「当時は大和村とか朝日村、清水村といった日本人が多く住む集落が幾つもありましたが、そういった村の近くに日本人用の学校ができたわけです。パラオ人で優秀な成績だった子は、木工徒弟養成所という学校に進むこともできました。製材の技術などを学べる教育機関です」

日本人とパラオ人の子供同士の関係性というのは、どのようなものだったのであろうか。

「仲良くやっていましたよ。普段の学校は別でしたが、一緒に運動会をしたこともありましたし、町では普通に遊んでいましたね」

ウエキさんの表情に笑みが浮かぶ。

「スポーツは野球が盛んでした。日本人が野球を教えてくれました。日本人とパラオ人でよく試合をしましたよ。今もありますが、コロールに『アサヒ・スタジアム』という野球場がありましてね。パラオのチームも強くて、日本に勝ったこともありました。一度、慶應義塾大学の野球部が島を訪れたことがありましたが、その時は日本のチームとばかり試合をして、パラオ人のチームとはやらなかった。それで『パラオ人に負けたら恥だからやらないのだろう』なんて話も出ていました」

ウエキさんは日本人とパラオ人が親しく付き合っていたことを強調した上で、それだけではない微妙な距離感についても丁寧に話してくれた。

「日本人とパラオ人は良い関係を築いていましたが、それでも全く差別がなかったと言い切るのは難しいですね。いつの時代にも、差別する人というのはいるのではないでしょうか。当時、同じ日本人のはずなのに、沖縄の人を差別したりする内地の人もいました。ですから、島民を差別する人も当然いましたよ。当時、島民という言葉を『野蛮人』といった悪いニュアンスで使う人もいたと思います。そういう時は、反感を覚えましたね。『島の人』という表現なら全く問題なかったんですけれども。沖縄の人と島民だったら、沖縄の人のほうが上でした。内地の人、沖縄の人、そして島民。私たちは三番目かな」

　昭和十二（一九三七）年の時点で、パラオ在留邦人の実に四割ほどが沖縄出身者だったという。当時のコロールには沖縄人街もあった。ウエキさんはこう語る。

「子供同士で時々、喧嘩《けんか》になるでしょう？　内地の人と沖縄人が喧嘩になると、私たち島民はいつも沖縄人の味方になっていました。沖縄人とは特に仲が良かったですね。でも私も日本人と喧嘩したことありますよ」

　ウエキさんが豪快な笑い声をあげながら続ける。

「ただし、そういうことは一部であったけれども、アメリカで白人が黒人にしたような、本当に深刻な差別というのでは決してありません。ほとんどの日本人は、島民と仲良くやっていました。それは間違いありません」

海軍兵士が見たパラオ

パラオに駐留した経験があるという一人の元海軍兵士の方にお話をうかがった。

野口第三郎さんは大正九（一九二〇）年、熊本県玉名《たまな》郡の南関町《なんかんまち》で生まれた。熊本師範学校を卒業後、佐世保海兵団に入団した野口さんは、昭和十七（一九四二）年一月、パラオ本島に派遣された。野口さんは南関町とパラオの意外な接点についてこう話す。

「パラオ最大の町であるコロールには、デパートが二つありました。南貿百貨店と中島百貨店です。その中島百貨店の経営者が、実は玉名郡の岱明町《たいめいまち》の出身でした。そして、その経営者の弟さんで副店長だった方のところに、南関町のお医者さんの娘さんが嫁いでいたんです。その関係で当時、南関町から多くの人たちが、中島百貨店の店員として働きに出ていました」

野口さんがパラオでの日々を追想する。

「休みの日には、中島百貨店によく買い物に行きました。そこでは故郷の言葉が飛び交っていて、とても懐かしかったですね」

百貨店で買い求めたのは、主に「読み物」だったという。

「日本の新聞が、一週間遅れくらいで届いていました。それで『新聞ではなく旧聞だ』なんて言っていましたが、よく買って読みましたよ。それから本ですね。兵隊たちは皆、活字に飢えていました」

野口さんは島内の小学校を見学に行ったことがあるという。

「当時は尋常小学校から国民学校という名称に変わっていたと思います。島民が通う公学校にも行きました。公学校の教室は、板間ではなく土間でしたね。土の上に机を置いていました。私が見た公学校には、日本人の先生の他、パラオ人の先生もいました」

小さな島の学校のこと、野口さんは前述のマリア・アサヌマさんやミノル・ウエキさんと出会っていたかもしれない。そう考えると、歴史とは様々な人間が織り成す緻密なモザイク画のようにも思える。

野口さんは島民の生活についてはこう語る。

「時間がある時に、パラオ人の先生の家にお邪魔しました。日本の酒はなかったのですが、ヤシ酒がありました。島の人たちは、もっぱらそれを飲んでいましたね。彼らの生活の中心は、ヤシの木なんです。島民にとっては、ヤシの木が一番重要。例えば、日本だったら平たい土地の価格が高くなりますが、当時のパラオではヤシの木が生えやすい水気のある斜面が一番価値があるという話でした」

日本人とパラオ人の関係性は、野口さんの目にはどう映ったのであろう。

「島には大勢の日本人がいましたが、島民たちとは仲良くやっていましたよ。日本人が優れた政治をしているというので、島民はすごく感謝していました」

兄弟国としての二つの国旗

現在のパラオの公用語は、英語とパラオ語である。日本統治時代に日本語を習った世代は、年々少なくなってきている。

しかし、パラオ語にはすでに多くの日本語の単語が混在している。「ヨロシク」「ダイジョウブ」「デンワ（電話）」「センプウキ（扇風機）」「ヤキュウ（野球）」「サンバシ（桟橋）」「ベンジョ（便所）」などである。中には「キンローホーシ（勤労奉仕）」や「サルマタ（猿股）」といった近年の日本ではあまり使われなくなった言葉も残っている。ブラジャーのことは「チチバンド（乳バンド）」と呼ぶ。ビールを飲む時には、

「ツカレナオス（疲れ治す）」

と言う。オレンジ色の花をつけるフレームツリーという樹木は、日本の桜と同じ時期に咲くことから「サクラ」と称される。

食文化にも日本時代の名残が見られる。一般的に白米が広く食され、マグロなどの刺身も定着している。醤油《しょうゆ》やワサビ、納豆なども流通している。

＊

今もパラオの人々は、

「日本とパラオは兄弟国」

と語る。日本のパラオ統治が穏健なものであったことを示す証左と言えるであろう。

パラオの有力紙『ティア・ベラウ』でチーフエディターを務めるオンゲルン・カンベス・ケソレイさんは、天皇陛下のパラオご訪問と日本への印象についてこう表現する。

「戦争を知る年長の方は、天皇と言えば『ヒロヒト』の名前を思い出すでしょう。若い世代も年長者から『日本の統治時代は良かった』と聞いて育っています。戦前の日本はパラオに道路や港、病院などをつくっただけでなく、人々に教育を与えました。戦後も日本は多くの投資や援助を続けてくれました。日本とパラオは、歴史的に深い関係性のある国。パラオにとって日本は『兄』のような存在なのです」

パラオの国旗は「青い海に黄色い月」を表す月章旗である。日章旗とよく似た構図のこの国旗は一九八一年、パラオに自治政府が発足した際、正式に制定された。

「色違い」である二つの国旗には、兄弟国としての両国の歩みが集約されている。

太陽が照ってこそ、月は明るく輝く。

台湾

台湾に残る日本の心

日清戦争後の明治二十八（一八九五）年四月に調印された下関条約により、台湾は日本の統治下に入った。

台湾の割譲を含む同条約の交渉の折、清国側の代表を務めたのが李鴻章《りこうしょう》である。李鴻章はこの時、台湾を「化外《けがい》の地」「難治《なんち》の地」と評した。「文化が及ばず、治め難い土地」といった意味である。

そんな台湾を統治することになった日本は、この島の近代化に正面から取り組んだ。当初は日本の統治に抵抗する住民もいたが、反対運動などは次第に下火になっていった。

日本は住民の生活向上や産業振興を促すため、各種のインフラ整備に尽力。大正八（一九一九）年には台北に台湾総督府庁舎が竣工《しゅんこう》したが、これは当時、赤煉瓦《れんが》造りとしては日本一の高さを誇る建造物で、耐震性まで考慮された設計となっていた。この建物は今も現役の庁舎として活用されている。

多くの若者で賑《にぎ》わう西門紅楼《せいもんこうろう》も、日本時代の遺構である。煉瓦造りの八角形の建物は、明治四十一（一九〇八）年に台湾初の公営の市場として建てられた。また、台北郊外の北投《ベイトウ》温泉にも、日本時代の建物が数多く残る。

今野忠雄さんは大正十四（一九二五）年、台北で生まれた。父親は台北市内で鉄工関係の事業を営んでいたという。今野さんが台湾時代の思い出を語る。

「日本人と台湾人が一緒になって遊んでいました。母親からはいつも『台湾人と仲良くしなさいよ』と言われていましたが、民族の違いが大きな問題になったような場面は記憶にありません。台湾のお祭りにも家族でよく顔を出しに行きました」

少年時代の今野さんが夢中になったのが野球であった。

「台湾でも野球は非常に人気がありました。気が付いたら自然と野球を始めていましたね。日本人と台湾人が切磋琢磨《せっさたくま》しながら野球を楽しんでいました。とても良い思い出です」

好きな日本語は「オカエリナサイ」

台湾の西南部に位置する台南市にも、日本統治時代の足跡が各所に残る。台南駅の東側に国立成功大学という大学があるが、その敷地内には日本時代に竣工した洋風の建築物が当時のままの姿で保存されている。

街の中心部には「鳳凰木《ほうおうぼく》」という落葉高木が街路樹として植えられているが、これも日本時代の名残である。熱帯性のこの花樹は枝葉が大きく伸びるために広い木陰を生む。日差しが強い同地の気候を考慮して、日本はこの木を街路樹に選んで植樹した。以来、台南市は「鳳凰の街」と呼ばれるようになった。

八十五歳になるという台南市生まれの一人の古老に、日本時代の印象について聞いた。通訳を介しての会話であったが、日本語が折に触れて混ざった。

「正直に言えば、統治下にあり、しかも戦争中でしたから、日本に対して良い思い出ばかりというわけではありません。警察や軍隊に恐怖を感じたことがあるのも事実です」

老人はそう言った後でこう続けた。

「それでも、当時の日本人には規律があって、親切な人が多かったと思います。それから、独特の毅然とした雰囲気と言いますか、彼らのどことなく凜々《りり》しい姿が記憶に残っています」

老人は「好きな日本語」を幾つか挙げてくれた。「アリガトウ」「サヨウナラ」「ハイ、ソウデス」といった言葉の後、老人が口にしたのはやや意外な一語であった。老人が最後に挙げたのは、

「オカエリナサイ」

という日本語だったのである。老人は柔和な笑みを浮かべながらこう語った。

「日本人の友達の家に遊びに行った時のことです。夕方に彼のお父さんが帰宅したんですね。

そうしたら、その友達も他の家族の人たちも玄関の所で両手をついて、『オカエリナサイ』と言って頭を下げたのです。私は驚きました。『なんて美しい人たちだ』と感激したのをはっきりと覚えています。言葉の響きも何とも言えず綺麗《きれい》で、それ以来、私の好きな日本語の一つになりました」

八田與一の偉功

台南の市街地で拾ったタクシーの運転手にその行き先を告げると、彼はこう言って笑った。

「私たち台湾人にとって大切な場所ですからね。知らないはずがありませんよ」

水田や果樹園が広がる景色の中を一時間ほど走ると、その「大切な場所」に辿り着いた。その地を「烏山頭《うさんとう》ダム」という。

このダムとそこから流れ出る農業用水を整備した人物が「台湾で最も尊敬される日本人」と称される八田與一《はったよいち》である。台湾の教科書には彼の功績が写真入りで大きく掲載されている。

明治十九（一八八六）年二月二十一日、石川県河北《かほく》郡花園村《はなぞのむら》（現・金沢市今町《いままち》）で生まれた八田は、第四高等学校を経て東京帝国大学（現・東京大学）に入学。工学部土木科で最新の工学知識を学んだ。

卒業後、八田は台湾に渡った。総督府の土木局に勤務するためである。

日本が台湾の開発に注力していく中、八田は南部の嘉南《かなん》平野における灌漑《かんがい》工事を任された。当時の嘉南平野は、深刻な干魃《かんばつ》が繰り返される不毛の土地であった。農民たちは慢性的な水不足に悩まされながら、貧しい生活を送っていた。逆に雨季には洪水が発生する時もあり、治水事業はこの地にとって大きな課題であった。

大正九（一九二〇）年、八田の指導の下で大規模な水利工事が始まった。巨大なダムを設けた上で平野部に用水路を張り巡らせ、この地を豊かな大地へと変貌させようというのである。これは日本国内でも前例を見ないほどの壮大な事業であった。

工事には、日本人も台湾人も一緒に参加した。その数、およそ二〇〇〇人。八田は的確な指示で作業員たちをよくまとめ、危険な現場へも自ら率先して足を運んだ。

八田は作業員たちのために、宿舎はもちろん学校や病院まで建設した。「良い仕事は安心して働ける環境から生まれる」という理念のもと、八田は町自体をつくりあげたのだった。作業員たちは八田に厚い信頼を寄せた。

また、八田はパワーショベルやエアーダンプカーといったアメリカ製の最新式の重機を次々と導入。作業の効率化を図った。

そんな八田を支えたのが妻の外代樹《とよき》である。外代樹は八田と同郷の金沢市の出身。実家は開業医で、外代樹は金沢第一高等女学校を卒業後、お見合い結婚によって八田家に嫁いだ。

その後、二人は八人の子宝に恵まれた。

結局、嘉南平野におけるこの大工事が終了したのは、着工から十年後の昭和五（一九三〇）年であった。途中、関東大震災の影響で予算が削減されるといった数々の苦労もあったが、未曾有《みぞう》の灌漑用ダムはここに竣工したのである。ダムの周囲の街路樹には、完成の記念として日本の桜が植えられた。

ダムの規模は「東洋一」と称された。平野部を縦横に走る用水路の全長は、実に一万六〇〇〇キロにも及んだ。これは万里の長城の総延長の二・五倍以上に相当する距離である。

ダムと農業用水の効果はすぐに現れた。これらインフラの完成によって、嘉南平野は台湾最大の穀倉地帯へと生まれ変わったのである。農民たちの生活レベルは飛躍的に向上した。

八田の悲劇的最期

そんな巨大事業を成功させた八田であったが、その後の人生は悲劇的な道を辿った。

昭和十七（一九四二）年五月五日、八田は広島県の宇品《うじな》港から輸送船「大洋丸」に乗船。新たにフィリピンの綿作灌漑調査を命じられた八田は、シンガポールを経由して目的地へと向かう予定であった。八田はフィリピンの農業の発展にも精力的に取り組むつもりだった。

しかし、八田がフィリピンの地を踏むことはなかった。五月八日の午後八時四十分、五島列島の南方を航行していた「大洋丸」は、米軍の潜水艦「グレナディアー」などからの魚雷攻撃に遭った。大きく浸水した同船は、雷撃から約五十五分後に沈没。八一七名が亡くなるという惨劇であった。

その犠牲者の中に、八田與一も含まれていた。嘉南平野を肥沃な地に変えた男は、志半ばにして逝った。享年五十六。

遺体は約一ヶ月後、漁師の網に引っ掛かって発見されたという。

＊

八田が愛した台湾の地は、昭和二十（一九四五）年八月の敗戦によって日本の統治下から離れた。台湾で生活していた邦人たちは、日本への帰国を余儀なくされた。

台北で暮らしていた今野忠雄さんは、親類を頼って群馬県高崎市に引き揚げることになった。父親の所有していた土地や建物は、すべて失われた。持ち出せる荷物やお金も制限された。今野さんは言う。

「台湾を去る時には、多くの台湾人の友人たちが見送りに来てくれました。皆、涙を流しながら送ってくれましたよ。悲しい別れでしたね」

台湾全土にこのような別れの場面が無数にあった。

しかし、八田與一の妻である外代樹が選んだのは、別の道であった。外代樹が選択したのは、夫の「遺作」となった烏山頭ダムの放水口に己の身を投じることだったのである。

彼女が身を投げたのは、ダムの着工記念日にあたる九月一日であった。

この悲しき投身は、一種の「心中」のようにも映る。

日本と台湾のつながり

現在、烏山頭ダムの周辺は公園として整備され、市民に広く愛される場所となっている。敷地内にはホテルやキャンプ場なども併設され、週末には多くの家族連れで賑わう。

その一角に、八田の銅像が建っている。

木立の合間に佇《たたず》む八田像は、右膝を立てて座っている。これは生前の八田が考えごとをする際によくとっていたポーズだという。

近隣には八田に関する記念室（八田技師紀念室）がある。室内には生前の八田が愛用していたという腕時計や、外代樹が使っていた硯箱《すずりばこ》や手鏡などが展示されている。

記念室から少し歩くと、小高い丘の上に殉工碑（慰霊碑）が聳えている。ダムの建設中に落盤事故などによって亡くなった一三四名の御霊《みたま》を弔うためのものである。碑には犠牲者全

「台湾で最も尊敬される日本人」と称される八田與一の像

員の姓名が、亡くなった順番で刻まれている。八田の強い要望により、日本人と台湾人の別なく列記されている。

殉工碑から南部に伸びる車道の脇には、桜が植えられている。完成時に記念として植樹された街路樹である。桜並木の長さは約一・二キロに及び、春には可憐《かれん》な花びらが舞う。

少し離れた場所には「八田與一紀念公園」という別の施設もあるが、その敷地内には八田の妻・外代樹の銅像も建てられている。

烏山頭ダムは現在も嘉南平野に水を供給し続けている。ただし、灌漑用ダムとしての主役の座は、昭和四十八（一九七三）年に完成した曽文《そぶん》ダムに譲っている。

しかし、この地の人々は、八田への恩義を忘れていない。

親子三代にわたってこの地域で農業を営んでいるという呉志忠さんはこう語る。

「あのダムがなかったら、私たち一家はこの地に根を下ろすことはできなかったでしょう。水は農家にとって最も大切なものですから。私たちは、その歴史をいつまでも忘れません。

彼の命日の墓前祭には、私も必ず参加して銅像に手を合わせています」

田植えを終えたばかりの青々とした田圃《たんぼ》の脇で、呉さんが続ける。

「日本が大きな地震と津波に見舞われた時、私たちは自分の国のことのように心を痛めました。この辺りの農家の人たちは、私も含め、できる限りの義援金を送りました。それは私たちにとっては当然のことなのです。互いに助け合ってきたのが、日本と台湾の歴史なのですから」

平成二十三（二〇一一）年三月十一日に発生した東日本大震災の際、被災地には世界中の国々から義援金が寄せられたが、とりわけ多くの浄財が集まったのが台湾であった。

日本と台湾との温かなつながりに、在天の八田夫妻も目を細めていたのではないだろうか。

韓国

伊藤博文暗殺事件

話は一旦、昭和史より少し遡《さかのぼ》る。

いわゆる「韓国併合」は、明治四十三（一九一〇）年のことである。この併合に向かう一つの転機となったのが、その前年に発生した伊藤博文暗殺事件であった。

明治四十二（一九〇九）年十月二十六日、満洲のハルビン駅プラットホーム上で、伊藤は暗殺犯に狙撃されて命を落とした。日本の初代総理大臣である伊藤だが、当時は枢密院《すうみついん》議長であった。

この事件の犯人とされたのが、安重根《アンジュングン》という人物である。現在の韓国においては「英雄」「義士」などと称されている。

一八七九年九月二日（陰暦・七月十六日）、安重根は朝鮮半島北部に位置する黄海道《ファンヘド》の道都・海州《ヘジュ》で生まれた。生誕時の姓名は「安應七《アンウンチル》」。海州は現在では朝鮮民主主義人民共和国（北朝鮮）に属する町である。

安重根が生まれた当時の朝鮮半島は、李氏朝鮮の時代であった。李氏朝鮮は強固な身分制度を社会基盤としていたが、安重根の家系はその最上位に位置する「両班《ヤンバン》」という特権階級であった。

特権階級の子弟として恵まれた少年時代を送った安重根だが、その一方、当時の一般的な民衆の生活はどのようなものだったのであろうか。イギリスの女流旅行作家であるイザベラ・バードはその著作『朝鮮紀行』の中で、当時の首都である漢城《ハンソン》についてこう描写している。

〈都会であり首都であるにしては、そのお粗末さはじつに形容しがたい。（略）路地の多くは荷物を積んだ牛どうしがすれちがえず、荷牛と人間ならかろうじてすれちがえる程度の幅しかなく、おまけにその幅は家々から出た固体および液体の汚物を受ける穴かみぞで狭められている。悪臭ふんぷんのその穴やみぞの横に好んで集まるのが、土ぼこりにまみれた半裸の子供たち、疥癬《かいせん》持ちでかすみ目の大きな犬で、犬は汚物の中で転げまわったり、ひなたでまばたきしたりしている〉

女性への暴力

幼名を「應七」と称した安重根は、幼少時から軽卒な性格であったため、父親によって「重根」へと名を改められた。

若き日の安重根は飲酒を好んだが、彼が後に獄中で著《あらわ》した『安應七歴史』には次のような記述がある。

〈ときには花柳《かりゅう》の巷《ちまた》に遊んだ。そして酒場の女たちに、絶妙の色香のあなたが立派な男と契りを交わし、いつまでも若ければ、どんなにすばらしいだろうか。しかるに、あなたたちは金をしこたま持っていると聞けば、すぐによだれを流すほど嬉しがり、恥をかえりみずに、今日は張さん、明日は李さんを夫とし、金で買われ、禽獣《きんじゅう》のような行いをしている、と批判した。彼女たちがこれを聞いてうなずかず、憎しみの色や不機嫌の様を見せると、すぐに、あるいは恥ずかしめ、あるいは殴りつけた〉

本人が記すところによれば、彼は酒席で女性たちに独善的な言葉を並べた挙句、腹立ち紛れに暴力まで振るったという。このような逸話を武勇伝の如く記述する感覚にも疑問は湧くが、気に入らないことがあると「暴力に訴える」というその行動は、後の伊藤暗殺事件を考えれば暗示的でもある。

抗日武装闘争への参加

その後、安重根は父親の影響からカトリックに入信。「トーマス（多黙）」という洗礼名を得た。

そんな彼だが「博打《ばくち》の元締め」のような仕事をしていた時期もある。喧嘩になって拳銃を持ち出す騒ぎを起こしたこともあった。総じて彼は感情の起伏の激しい人物であった。

その後、父親が亡くなると、多額の遺産を相続。それらを資金として商店や私塾、炭鉱事業の経営などに乗り出したが、いずれも失敗した。やがて遺産も使い果たしたが、彼はこれらの破綻に関して自叙伝で「日本人に妨害された」と綴《つづ》っている。この「妨害」が何を意味するのかは不明だが、安重根の対日観の根底にはこの私怨があった。

そんな彼が選んだ道が「抗日武装闘争への参加」であった。現在も同様であるが、当時の朝鮮半島には「反日」を煽ることで部数を伸ばそうとする新聞が多く存在した。安重根はそのような新聞記事に目を通しながら、日本に対する敵意を膨らませていった。

*

一八九七年十月十二日、李氏朝鮮は国号を「大韓」に改号。大韓帝国が産声をあげた。

その翌年（明治三十一年）、伊藤は渡韓し、各地で熱烈な歓迎を受けた。当時の韓国には、日本との友好関係を基軸に国家の近代化を目指そうとする人々も少なくなかった。

当の伊藤は韓国について「民衆の生活が豊かになることが第一」「そのためには教育が肝要」「日本はそれを支援する」と考えていた。総じて伊藤は韓国に対して穏健的であった。

韓国の保護国化

明治三十八（一九〇五）年七月、時の総理大臣である桂太郎と、アメリカのウィリアム・タフト特使との間で「桂・タフト協定」が成立。この協定で両国は「韓国における日本の支配権」と「フィリピンにおけるアメリカの支配権」を相互に承認した。タフトは「韓国が日本の保護国になることが、東アジアの安定性に直接貢献する」と述べた。

八月には、第二次日英同盟条約が締結。「日本の韓国に対する支配権」と「イギリスのインドにおける特権」が互いに確認された。

九月には日露戦争の講和条約であるポーツマス条約が成立。戦勝国となった日本は「韓国に対する排他的指導権」を得た。

十二月二十日、伊藤は韓国統監府の初代統監に就任。日本は「韓国の保護国化」を着実に進めた。

前述の通り、日本による韓国の保護国化は、国際社会の合意に沿って進められたものである。もちろん、それらが「帝国主義時代における先進国同士の取引」であった面は否定し難い。

ただし、「保護国化」には「主権の完全移行」は伴わない。主権が完全に移行する場合が「併合」である。

伊藤は韓国に対して「早期の併合には反対」としていた。伊藤は韓国を「一時的に保護国化」することによって、近代化のための抜本的な改革を推進しようと検討していた。

しかし、そのような伊藤の政治的態度は、韓国の民衆には伝わらなかった。韓国の新聞は、事実とは異なる報道を煽り立てた。

韓国併合

特権階級出身の安重根には、漢学などに関する基本的な知識はあった。字も達筆であった。しかし、国際政治や歴史学などを体系的に高等教育機関で学んだ経験はなかった。

その後、安重根はロシアに亡命。過激なゲリラ活動へと傾斜した。

一九〇九年の二月頃、安重根は同志たちと「断指同盟」を結成。安重根は十一人の仲間たちと共に、左手の薬指の第一関節から先を切断し、さらなる闘争の拡大を誓い合った。

＊

韓国を保護国とした日本は、同国の近代化を促すため様々な方面に資金を投入。教育や医療、水道事業といった分野に力を注いだ。

伊藤はこれらの政策を丁寧に進展させた。その結果として民衆の生活水準は大きく向上。

それでも一部の抗日武装勢力は、鉾《ほこ》を収めようとはしなかった。

韓国を近代国家とすることに尽力した伊藤であったが、当の韓国人たちから巻き起こる抗日運動の連鎖は、彼を失望させるのに充分だった。日韓間の意識の溝は大きかった。

そんな抗日運動の渦中に安重根もいた。彼らは「義兵」を自称した。しかし、ドイツの聖オティリエン・ベネディクト修道会総長であるロベルト・ウェーバー神父によれば、「義兵」の実態は次のようなものであった。

〈その蜂起は日本人を撃つという名分を掲げていたが、実際には盗賊の性格を帯びた集団があちこちに出没した。もちろん当初は、義兵集団として出発した。だが、指導者の数が次第に減り、日本人をこてんぱんにこらしめるという旗印のその集団に無秩序がはびこり始めた。（略）ひもじさが彼らをとんでもない方向に導いていったのである。そうしてついには、日本人を悩まそうとしていた彼らが同胞たちを略奪する身の上に落ちぶれていったのだ〉（「安重根の故郷・清渓洞《チョンゲドン》」『図録・評伝　安重根』所収）

彼らは「抗日運動に協力せよ」というスローガンのもと、民衆から金品や食糧を奪った。実際、安重根も伊藤暗殺のための準備金を、知人から強奪している。

明治四十二（一九〇九）年六月十四日、伊藤は韓国統監を辞任。反日闘争を重ねた韓国人たちにとって、伊藤の排除という結果は一つの宿願の達成であった。しかし以降、日本の対韓政策は強硬な色を濃くしていくことになる。

「韓国併合」が正式に閣議決定されたのは、伊藤が辞任した翌月の七月六日であった。

鳴り響いた銃声

同年十月二十六日、満洲を歴訪中の伊藤は東清《とうしん》鉄道ハルビン駅のプラットホーム上にいた。そこに忍び寄る一人の男。

銃声が鳴ったのは、午前九時半頃である。七連発のブローニング自動式拳銃がまず三度、乾いた音を立てた。安重根は人違いだった場合に備え、周囲の日本人にも銃口を向けた。この銃撃によってハルビン総領事の川上俊彦《としつね》ら三名が、手足や胸部などに銃創を負った。

安重根は警備のロシア兵たちの手によって取り押さえられた。一発を残した拳銃も即座に押収された。その後、安重根は駅構内にある鉄道憲兵隊の分室へと連行された。

伊藤は胸部や腹部など三ヶ所に深い傷を負っていた。

午前十時頃、伊藤は絶命。内臓における大量出血が主な死因であった。

＊

この暗殺事件に関する裁判は、遼東《りょうとう》半島の旅順《りょじゅん》で行われた。

法廷で安重根は「なぜ伊藤を敵視するようになったのか」という検察官からの質問に対して「十五の理由」を列挙したが、それらには多数の事実誤認や思い込み、勘違いなどが含まれていた。例えば、当時の法廷速記録によれば、安重根は公判の場で次のように述べている。

〈今日までの間に虐殺せられた韓民は十万以上と思います。即《すなわ》ち、十万有余の韓人は国家のために尽くして斃《たお》れたならば本望でありましょうが、伊藤のために虐殺せられたのであります。即ち、生殺しにして頭を貫いて縄を通し、社会を威嚇するために良民に示すというような惨虐無道のことをやって十万有余名を殺したのであります〉

しかし、彼は「十万以上」という数字の根拠について、具体的な裏付けとなるような証拠を一つも挙げることができなかった。一方、ドイツ出身の医師で、滞日経験の長かったエルヴィン・フォン・ベルツはこう証言した。

〈韓国人が公（著者注・伊藤）を暗殺したことは、特に悲しむべきことである。何故かといえば、公は韓国人の最も良き友であった。日露戦争後、日本が強硬の態度を以《も》って韓国に臨むや、意外の反抗に逢った。陰謀や日本居留民の殺傷が相次いで起こった。その時、武断派及び言論機関は、高圧手段に訴うべしと絶叫したが、公ひとり穏和方針を固持して動かなかった。当時、韓国の政治は徹頭徹尾、腐敗していた。公は時宜《じぎ》に適し、かつ正しい改革によって、韓国人をして日本統治下に在ることが却って幸福であることを悟らせようとし、六十

歳を超えた高齢で統監という多難の職を引き受けたのである〉

明治四十三（一九一〇）年二月十四日、被告・安重根に言い渡された判決は死刑。安重根は関東都督府高等法院への控訴権を放棄。五日後の十九日、安重根の死刑は確定した。

翌三月の二十六日、絞首刑執行。享年三十である。

*

安重根が処刑された旅順監獄署の跡地を訪ねた。

安重根が収監されていたという一室は、煉瓦造りの建物の一階にあった。記録によれば、安重根は死刑判決を受けた後には地下の死刑囚房に移されているから、この部屋は最初に収監された場所ということになろう。

独房内に入ることはできなかったが、鉄格子の嵌《は》められた窓から内部を覗き込むと、木製の机や椅子が置かれているのが見えた。しかし、これらはいずれも安重根が実際に使用したものではないという。

施設内を進むと、玄関から最も遠く離れた区画の一隅に、かつて処刑場だったという一室があった。

天井部から縄が吊るされ、一個の輪が設けられている。数多《あまた》の囚人たちが、この輪の中でその生涯を閉じた。

安重根もその一人である。

国際テロの拡散

安重根の死から五ヶ月後の八月十六日、日本政府は韓国側に対し、併合に関する骨子を示した「条約案」を提出。二日後の十八日、同案は韓国の閣議を通過した。韓国人閣僚の大半が併合に賛同した。

この併合に対し、アメリカとイギリスは、

「このまま韓国を放置することは、地域に混乱を与える」

と賛成の意を表明。清国やフランス、ドイツといった国々からも反対の意見は出なかった。

*

伊藤暗殺事件後、朝鮮半島を覆ったのは「テロの嵐」であった。

明治四十三（一九一〇）年、朝鮮総督・寺内正毅《まさたけ》に対する複数の暗殺未遂事件が発覚。その首謀者の中には、安重根の従弟である安明根《アンミョングン》の姿もあった。

以降、日本側の取り締まりも否応なく強化されていった。

しかし、大正八（一九一九）年に起きた「三・一独立運動」を経て、日本側は武断的な面を見直し、総督武官制や憲兵警察制度の廃止、地方制度の改正、言論・出版・結社・集会の制限撤廃などの改革に踏み切った。

だが、一部の過激派は以降もテロの手を緩めなかった。昭和七（一九三二）年一月八日には、抗日武装組織「韓人愛国団」の構成員であった李奉昌《イボンチャン》が昭和天皇の暗殺を試みた「桜田門事件」が勃発。昭和天皇の乗った馬車に対し、李奉昌は沿道から二つの手榴弾を投げ付けた。幸い陛下は無事であったが、一人の近衛兵が負傷した。

この事件に関し、中国国民党の機関誌『民国日報』は、犯人に好意的な記事を掲載。これに在留邦人が強く反発し、このことが第一次上海事変の要因の一つとなった。

さらに、四月二十九日には、上海の虹口《ホンキュウ》公園で爆弾テロが発生。この日は天長節（天皇誕生日）であったが、この祝賀の場において尹奉吉《ユンボンギル》という韓国人が日本の要人たちに爆弾を投じたのである。

このテロにより、上海居留民団行政委員会会長・河端貞次が即死。上海派遣軍司令官・白川義則、在上海公使・重光葵《まもる》、第三艦隊司令長官・野村吉三郎らが重傷を負った。白川は翌月に死亡。重光は右脚を失い、野村は隻眼《せきがん》となった。

犯人の尹奉吉は、李奉昌と同じ「韓人愛国団」の構成員だった。

「韓人愛国団」を組織したのは、独立運動家の金九《キムグ》である。金九は若い頃、安重根の父を頼って安家に身を寄せたことのある人物であった。金九は安重根のことを弟分のように可愛がっていたという。金九は安重根が犯した暗殺事件を「義挙」と礼賛《らいさん》することで李奉昌や尹奉吉を煽り、連続テロ事件を誘発したのであった。

ハルビン駅の情景

伊藤暗殺の現場となったハルビン駅一番線ホームは、片側のみが線路に接した単式ホームである。修繕は加えられているが、基礎の部分は暗殺時と変わらない状態で今も使用されている。

ホーム上には、白い大理石の嵌《は》め込まれた部分がある。淡い光沢を放つ大理石の中心部分には、円形の図柄が施されている。この円形の中心点こそ、かつて伊藤が斃れたまさにその場所であるという。

同じく、そこから五メートルほど離れた地点には、もう一つのよく似た大理石がある。しかし、こちらは中央が円形ではなく正三角形の模様となっている。

この正三角形の地点が、安重根の射撃場所だという。正三角形と円形との間の距離は、実際に立ってみるとすぐ目の前のように感じられた。

これら大理石の周囲の溝には、小さな太極旗《たいきょくき》がしばしば突き刺されているという。韓国人がやっているのであろう。

＊

ハルビン駅の一角には「安重根義士記念館」が併設されている。開館は二〇一四年一月である。

私は通訳の趙志孚《チョウシフ》さんと共に入館した。ハルビン生まれの趙さんは、沖縄の大学と大学院に四年ほど留学した経験を持っている。趙さんは安重根について、流暢《りゅうちょう》な日本語でこう語る。

「正直に言えば、中国人はあまり関心がありません。安重根という人物の存在を知っている人は、ここハルビンでも少ないと言っていいでしょう」

確かにこの記念館を訪れるまでの間、私はすでにハルビン市内で多くの中国人に安重根に関する質問をしていたが、その名前も知らないという人が大半であった。

記念館の館内には写真やパネル、年表などが掲げられている。説明文の表記は漢字とハングルのみで、英語や日本語の案内はなかった。奥の壁はガラス張りになっており、そこから暗殺現場であるプラットホームを間近に眺めることができた。

私は改めて趙さんに、

「安重根を英雄と思うか」
と尋ねた。すると彼はこう言って苦笑した。
「英雄じゃないですよね。人の命を奪った殺人者ですからね」

安重根は英雄か？

韓国の首都・ソウルに立つ「安重根義士記念館」の開館は一九七〇年に遡る。二〇一〇年十月にはリニューアルオープンし、展示はより拡充された。運営には公金が充てられている。建物は地上二階から地下一階までが展示室となっており、地下二階には二〇〇席を備えた講堂まで設けられている。

館内の展示は、安重根の生涯を時系列に辿っていく構成となっている。しかし、彼の人生における「女性への暴力」「博打の元締め」「喧嘩」「遺産の消尽」「金銭の強奪」「国際情勢の誤認」といった事実には全く触れられていない。

一方、伊藤に関する展示の中には「Massacring innocent Koreans（無実の韓国人を虐殺）」との表現があった。しかし、「虐殺」が何を意味しているのか、具体的には何も記されていない。伊藤が推進した教育や医療に関する政策、都市インフラの整備などについての記述も一切ない。

この記念館でボランティアガイドを務めている女子高生の一人は、安重根について次のように言い表した。

「安重根は私たちのヒーローです。もし彼の行為がなかったら、今の私たちは存在しません」

ハルビンの安重根記念館について尋ねると、彼女はこう答えた。

「もちろん、知っています。韓国でも大きく報道されましたから。これは素晴らしいことです。中国が安重根に関心を寄せてくれたことを、とても嬉しく思います」

「私はハルビンのその記念館にも行きましたが、中国人はあまり関心がないようでした。安重根のことを『殺人者』と表現する中国人もいましたよ」

私の言葉を聞いた彼女は信じられないという様子で顔をしかめ、首を何度も横に振った。

＊

他国の政治家の命を暴力によって奪う「国際テロ」は、現在の国際社会においても決して許されることではない。

そんな中、安重根は韓国における一つの「愛国のシンボル」として暴走を続けている。館内に併設された土産物店では、安重根の肖像がプリントされたキーホルダーやTシャツ、ネ

クタイ、湯呑みなどが販売されている。マグカップを購入した一人の女子中学生は、

「家族へのお土産にする」

と言って、屈託のない笑みを見せた。

暗殺の正当化が招く道は「泥沼の負の連鎖」である。それは韓国史だけでなく、世界史が充分に証明を果たしている。一人のセルビア人青年がオーストリア＝ハンガリー帝国のフランツ・フェルディナント大公を銃撃した暗殺事件によって、第一次世界大戦が始まったのは教科書の示す通りである。結果、大戦は実に四年以上に及び、戦闘員の戦死者は約九〇〇万人、非戦闘員の死者は約一〇〇〇万人にも達したとされる。

安重根への礼賛は何を招くであろうか。

第二章　日中戦争

盧溝橋事件と上海戦

日中戦争の勃発

昭和史における一つの分水嶺となった日が、昭和十二（一九三七）年七月七日である。

この夜、北平《ベイピン》（現・北京）の西南およそ十八キロに位置する盧溝橋《ろこうきょう》近くの演習地で、日本の支那駐屯軍が夜間演習を実施していた。

同地に日本軍が駐屯しているのは、義和団事件の鎮圧後に締結された明治三十三（一九〇〇）年の北清《ほくしん》事変議定書の内容による。つまり議定書に則って駐屯していた軍隊である。

そんな駐屯軍に対して、銃声が鳴り響いた。最初に数発、続いて十数発の実弾が射撃された。

この銃声を契機として軍事衝突が発生。七月九日付『東京朝日新聞』夕刊の一面には「北平郊外で日支両軍衝突」「不法射撃に我軍反撃」といった大きな見出しが並んでいる。

当時の政権は第一次近衛文麿《このえふみまろ》内閣である。近衛内閣は当初「戦線不拡大」の方針を打ち出した。参謀本部作戦部長の石原莞爾《いしわらかんじ》も、事件の拡大には反対だった。盧溝橋事件の一ヶ月前、石原は外務省の幹部会で、

「自分の目の玉の黒い間は、華北には一兵たりとも出さぬ」

と発言していたほどであった。

しかし、軍部の中には、排日姿勢を強める蔣介石政権をこの機に乗じて一気に打倒し、華北を第二の満洲国にしようという「華北分離論」を唱える者が多かった。当時、関東軍参謀副長だった今村均《ひとし》は、自身の回想録の中でこう記している。

〈参謀本部に出頭して驚いてしまった。石原部長の不拡大主義に同意している部下は河辺虎《とら》四郎《しろう》大佐以下、一、二名のみで、他はほとんど全員、部長の意図を奉じようとはしていない〉

結局、石原も強硬派の動きに歯止めをかけることはできなかった。

＊

東京の軍中央がまとまりを欠く中、現地では七月十一日午後八時、早々に停戦協定が調印された。軍中央とは違い、現地では「不拡大」「現地解決」の方針で一致していたのである。この停戦協定の陰には、駐北平領事館の武官である今井武夫少佐や、北平特務機関長の松井太久郎大佐らの奔走があったとされる。

ところが、停戦協定を済ませた今井や松井たちのもとに、軍中央から驚くべき報告が届いた。それは「内地から三個師団、満洲から二個師団、朝鮮から一個師団を派遣する」という内容であった。計六個師団という大動員である。

結局、中国側の軍事行動も収まることなく、衝突は中国各地に飛び火。戦線は一気に拡大していった。

陸軍内で孤立した石原は九月二十七日、関東軍参謀副長に左遷された。後任には拡大派の下村定《さだむ》少将が任命された。

十月にはドイツを介した和平工作が進められた。いわゆる「トラウトマン工作」である。しかし、この和平案も決裂し、停戦への期待は一気に失われた。当初、短期戦を予測した日本であったが、実際の戦いは泥沼の長期戦へと転じていくのである。

盧溝橋で聞く日本語

北京の中心部からタクシーで三十分ほど南西の方角に向かうと、日本史における重要な舞台となったその橋のたもとまで辿り着く。

盧溝橋の完成は金代の一一九二年というから、日本史では鎌倉幕府が成立した年である。十三世紀にこの地を訪れたマルコ・ポーロは、石造りのこの橋を見て、「世界中どこを探しても匹敵するものがないほどの見事さ」

と称えた。

盧溝橋はその後、洪水などのために何度も損壊したが、その都度、修繕が重ねられて今に至るという。

橋への車両の乗り入れは禁止されているため、徒歩か自転車で渡ることになる。ゆっくりと歩を進める私の脇を、何台もの自転車が勢い良く追い抜いて行った。

全長は二六六・五メートル。十一幅のアーチから成る。

欄干《らんかん》には幾つもの獅子の石像が飾られており、それらの一つひとつが表情や容姿を異にする。中には愛嬌溢れる顔をしたものもある。

獅子像の数は、計五〇一基に及ぶという。これら獅子像の数を正確に数えるのが難しいことから、中国には「数えられないもの」のことを「盧溝橋の獅子」と表現する言い方があるという。

橋の上から広々とした河畔を見渡すと、一頭の駱駝《らくだ》が遠くで草を食《は》んでいる姿が見えた。

橋の下を流れる永定河《えいていが》の流れはいかにも細く、河岸が広く剝き出しになっていた。かつては大規模な洪水が起きたというが、今では弱々しい流れである。近年、北京周辺は慢性的な水不足に悩まされているが、その一症状を見た気がした。

橋の東側には、城壁に囲まれた昔ながらの町並が広がっている。城壁には日本軍によるかつての砲撃の跡が残っている。経済発展の大波の中で中国全土に林立する高層ビル群は、この辺りにはあまり見られない。

道の脇に椅子を出して座り込んでいた一人の老人に声をかけた。日によく焼けたその老人に英語は通じなかったが、私が日本人だとわかると、

「ニホン、イチ、ニ、サン、ハイ、ソウデス」

と片言の日本語を話し始めた。老人は当初は笑顔であったが、徐々に表情が曇り出し、やがてこう口にした。

「シチ、シチ、ニホン、ワタシ、ジュウニサイ」

「シチ、シチ」というのが「七、七」を意味することは、すぐに察しがついた。これは盧溝橋事件勃発の七月七日のことを指している。中国で盧溝橋事件は「七・七事変」と呼ばれている。

この老人は盧溝橋事件の当時、十二歳だったのだろう。老人からそれ以上の日本語が出ることはなく、中国語で何か一言二言を発しただけで、その後は黙り込んでしまった。私は御辞儀を一つだけして、その場所を後にした。

その後、小さな雑貨店で店番をしていた青年と話をした。二十歳だという彼は、中国訛《なま》りの英語を話した。彼は日本の漫画やアニメのファンだという。

「歴史にはあまり興味がありません。テレビでやっている日本軍が悪役の戦争ドラマよりも、

日本のアニメのほうがずっと面白い。日本には行ってみたいけれど、お金がないから無理ですね」

彼の家には、父親のつくった多額の借金があるという。本当は大学に進学したかったが、経済的な理由で諦めたという話であった。この店は叔父が経営していて、彼はそれを手伝っているという。

「正直言って、七・七事変についても詳しくは知りません。教科書にはいろいろ書いてあったと思うけど、我が国の歴史の授業なんていい加減なものですからね。共産党に都合の良いことしか書いてないでしょう。我が国は独裁国家。共産党独裁政権が語る歴史がいかに信用できないかについては、日本人のあなたのほうがよく知っているはずです。僕はそんな歴史など全く信じていませんよ」

彼はそんな言葉を連ねた後、何度もこう繰り返した。

「今の話は書いてもいいけれど、僕の名前は絶対に出さないでください」

彼の念の入れようが、この国の現状を示していた。

陸軍大将・松井石根

盧溝橋事件の後、事変が飛び火した先が上海であった。

東京の軍中央が議論を続けている間、蔣介石は続々と上海に部隊を集結。結局、二十数万もの正規軍が上海付近に投入された。このような事態を受け、日本側も内地二個師団の上海への派兵を決定した。

この上海派遣軍の司令官を拝命したのが、陸軍内で「中国通」として知れ渡っていた陸軍大将・松井石根《いわね》である。中国での滞在経験が豊富だった松井は、現地における人脈も陸軍随一と言われていた。常日頃から「日中友好の重要性」を主張し、陸軍内にはびこる「中国蔑視」を批判していた人物であった。

大役を任された松井は、この派遣に際してできる限りの早期解決を目指そうと考えた。兵力を一挙に集中し、短期戦で終わらせる作戦である。

松井が考える中国大陸の最悪のシナリオは「蔣介石の独裁」と「共産化」であった。松井はこの事変を契機として、独裁色を強める蔣介石政権と共産主義勢力を打倒し、中国を刷新することを企図した。それが中国の民衆のためにもなると見定めていた。

＊

こうして上海戦が始まろうとしていた。

陸軍の一兵士である棚橋順一は、上海に向かう輸送船の中で次のような辞世の句を詠んだ。

靴はきて吾子はあゆむとふるさとの便りをよめば生きたかりけり

彼は愛児に向けてこう綴《つづ》った。

〈決して力だけの人になってはいけません。力だけで人生を送るのは不幸の因、滅亡の元です。必ず徳というものを中心として進んで下さい。所謂《いわゆる》えらい人にならなくてもよい。世の中には名も知れぬ人で徳の高い人があるものです〉

父としての切なる願いを手紙に込めた棚橋であったが、結局、彼が愛児と再会する日は訪れなかった。

上海戦は約二ヶ月半にも及ぶ激戦となった。上海は十一月十二日に陥落。この戦闘における日本軍の戦死者は、約一万人にも達した。上海戦に敗れた中国軍は、中華民国の首都である南京まで退却した。

このような戦況を受け、松井は「南京への追撃戦」の必要性を主張。松井が恐れたのは「中途半端に鉾《ほこ》を収めることで生じる事態の泥沼化」であった。中国の安定化を進めるためには、この際、首都を陥落させて根底から体制を一新するしかない。そのことが中国はもちろん、日本を含めたアジア地域全体の安定に繋がると松井は思案していた。

ただし、兵の疲弊度や兵站《へいたん》の不足を考慮した松井は、「早期の作戦実行は困難」と判断。南京戦の開始時期として「十二月中旬」を一つの目安とした。

しかし、十一月十九日に事態が一変。柳川平助《やながわへいすけ》指揮下の第十軍が、独断で南京方面への進撃を始めたのである。

このような動きについて報告を受けた松井は、大きな衝撃を受けた。松井は第十軍の進軍を制止しようと試みた。しかし、勢いに乗じる第十軍は止まらなかった。松井の計画はこうして瓦解《がかい》した。

十一月二十八日、参謀本部が南京攻略戦を正式に認可。上海方面に駐留していた各部隊は、一斉に南京を目指して西進を始めた。

*

中支那派遣軍野戦電信第一中隊の一員として、南京を目指して進軍した一人である島田親男さんは、大正四（一九一五）年一月一日の生まれ。昭和十（一九三五）年一月、現役志願兵として入隊し、翌年二月に上等兵に昇進。二年間の現役生活を無事に終えた。

昭和十二（一九三七）年十月十二日、応召して野戦電信第一中隊に入営。十一月、杭州《こうしゅう》湾から中国大陸に上陸し、南京へと向かうことになった。

島田さんの主な軍務は、通信連絡網の整備であった。通信は軍の「命脈」である。島田さんたち電信部隊は、中国軍の既設線を利用しながら懸命に整備を急いだ。

島田さんは南京への行軍中の一光景を、次のように振り返る。

「道路に支那兵の死体が幾つも転がっていたのですが、それらを取り除くまでもなく、砲車や人馬が進む。その時期、雨の日が多かったと思うのですが、死体の肉と血が、泥と混ざってグチャグチャになっていましてね。その上を行く感覚というのは、未だに忘れることができません」

南京戦

南京戦の始まり

昭和十二（一九三七）年十二月七日、蔣介石は南京を早々に脱出。翌八日、日本軍は南京の街を包囲した。

中支那方面軍は「南京城攻略要領」を示達し、将兵たちの「不法行為」や「掠奪《りゃくだつ》行為」「失火《しっか》」などを厳しく戒めた。松井は国際法と軍紀の遵守《じゅんしゅ》を重ねて命じた。

十二月九日、日本軍は航空機から「投降勧告文」を南京の市街地に散布。松井が切願していたのは「平和裡《へいわり》の無血占領」であった。松井は体調を崩して蘇州《そしゅう》の地に留まっていたが、不要な戦闘を回避しようと懸命だった。

一方の中国側にも「南京の放棄」を主張する声は少なくなかった。実は蔣介石も防衛戦には消極的だった。首都機能の移転もすでに宣言されていた。

しかし、司令官の唐生智《とうせいち》が徹底抗戦を主張。結局、蔣介石もこの意見を受け入れた。

日本軍は投降勧告に対する回答期限まで積極的な攻撃を控えたが、中国側からの砲撃はすでに始まっていた。結局、期限までに中国側からの回答はなかった。

松井はついに総攻撃を命令した。

南京の街は高い壁によって四方を囲まれていた。街の出入り口にあたるのが幾つかの「城門」である。

＊

十二月十日午後二時頃、第九師団歩兵第十八旅団歩兵第三十六連隊が、城門の一つである光華門《こうかもん》への砲撃を開始。戦闘は激しい白兵戦に拡大したが、同連隊は内門の一角を崩すことに成功した。

現地には日本の報道陣が同行していたが、城壁をよじ上った兵士が日章旗を掲げた光景を目視した記者たちは、「南京陥落」を速報で国内に打電。しかし、実際には「一城門の占領」に過ぎず、「街全体の占領」にはほど遠かった。

光華門以外でも、日本軍の各部隊は一斉に攻撃を始めていた。第十六師団の主力部隊は、南京郊外の紫金山《しきんさん》の攻略を担当。一進一退の攻防が繰り広げられた。

総じて日本軍は各地で優勢に戦いを進めた。十二日の二十時頃には、唐生智が南京から脱出。最高司令官の離脱により、中国軍は命令系統を乱して混乱状態に陥った。

中国軍には退却しようとする兵士を殺害するための「督戦隊《とくせんたい》」という専門部隊があるが、『チャイナ・ジャーナル』（一九三八年一月号）には次のような記述がある。

〈唐生智逃亡と知れ渡ると、支那軍兵士は南京を離れようとした、彼らは友軍（著者注・督戦隊）の手で機関銃によりなぎ倒された〉

中国人による掠奪も発生した。『ニューヨーク・タイムズ』（十二月十八日付）には、以下のような記事が見られる。

〈土曜日（十一日）には中国兵による市内の商店に対する掠奪が広がっていた。目的が食糧と物資の獲得にあることは明らかであった〉

また、ロイター通信のスミスという記者はこう記している。

〈十二月十二日の夜、支那軍と市民が掠奪を始めた。――まず、日用品店から金目の物が奪われた。さらに、個人の家から食料品を運び出す支那兵の姿も見えた〉

日本軍の大半が未だ市内に入っていない内から、街は騒乱状態となっていたのである。

南京市内の光景

日本軍が城壁の内側である城内へと本格的に入り始めたのは、十三日の早朝からであった。「城内」とは「市内」と同義である。

前述の島田親男さんは光華門の戦闘に参加した後、十三日の午前中に南京市内に入ったという。

「城内には人の姿もなく、静まり返っていて、非常に不気味な様子でした。『がらん』とした感じです。結局、銀行だった建物の中に第六師団の司令部が設置されたのですが、私はそこで通信業務を行うことになりました」

市民の多くはすでに市外に逃亡したか、「安全地帯（南京安全区）」へと流入していた。安全地帯とは、南京在住の外国人たちによって設けられた「難民区」のことである。

南京市内の光景について、他の兵士の証言も確認したい。第九師団歩兵第十八旅団歩兵第十九連隊の第四中隊長だった土屋正治中尉は、後にこう証言している。

〈城壁こそ砲撃によって破壊されていたが、町並みの家々は全く損壊しておらず、瓦一つ落ちていない。ただ不気味な静寂、異様な索漠感《さくばくかん》がわれわれを包み、勇敢な部下も一瞬たじろいだ〉

島田さんは次のように語る。

「南京に入って一週間くらいは、私も気が立っていたというか、興奮していたのでしょうね。夜もなかなか寝付けなかったのを覚えています。しかし、南京の市民は皆、安全地帯にとっくに逃げていますしね。城内では後に言われるような死体の山など、私は見たことがありません」

南京への行軍中には「多くの支那兵の死体を踏み越えた」と率直に語る島田さんだが、南京戦についてはこう語る。

「戦闘で亡くなった支那兵が多くいたのは事実です。それは本当に悲惨なことでした。しかし、後に言われるような市民への三十万人だのという大虐殺なんて、私はしてもいないし、見てもいません」

南京の各地で激しい戦闘があったことは、多くの一次資料からも裏付けられる通りである。しかし、正規の戦闘員同士による交戦ならば、たとえ多くの死傷者が発生したとしても、それは「虐殺」とは言わない。「虐殺」とは女性や子供など、非戦闘員への無差別的な殺戮《さつりく》状態のことを指す。

そのような虐殺が本当に南京であったのか。さらに証言や記録を追っていこう。

安全地帯に関する証言

日本軍は安全地帯への掃蕩戦《そうとうせん》を開始した。「掃蕩」と聞くと物々しい印象を与えるが、これは英語で言えば「drive out」「drive away」といった言葉にあたり「(敵を) 追い払う」などの一般的な軍事行動の概念を表す。

難民のために設けられた安全地帯は、実際には「便衣兵《べんいへい》」の潜伏場所に利用されてしまっていた。便衣兵とは、軍服ではなく私服を着た兵士たちのことである。部隊を離脱した中国兵の多くが、軍服を脱ぎ捨てて安全地帯へと流入し、身を潜めながら反撃の機会を窺《うかが》っていたのであった。

このような便衣兵戦術は、戦時国際法違反である。ハーグ陸戦法規の第一章には「交戦者の資格」として「遠方から認識可能な固有の徽章《きしょう》を着用」と明記されている。「交戦者の資格」を失した者は「不法な戦闘員」と見なされる。

こうした事情から、日本軍は安全地帯内での掃蕩戦に踏み切ったのだった。同作戦を主に担当したのは、第九師団歩兵第六旅団歩兵第七連隊である。同連隊の第一大隊第二中隊で歩兵伍長を務めていた喜多留治さんは、当時のことをこう振り返る。

「十四日から安全地帯へと入り、市民に紛れている便衣兵を探しました。この掃蕩戦にあたっては、連隊長から厳重に注意事項が示達されたのをよく覚えております。軍紀は非常に厳しいものでした」

喜多さんはこう続ける。

「特に強調されたのは、一般住民への配慮、放火、失火への注意といったことでした」

実際に入った安全地帯内の様子について、喜多さんは次のように語る。

「非常に多くの中国人が集まっていました。人々でごった返しているという感じです。多くの南京市民がこの安全地帯に流入していたのでしょう。戦場の修羅場という雰囲気ではなかったですね。私は中国人の警官と一緒にパトロールしましたが、死体がごろごろと転がっているなんて光景は、一度も目にしていません」

喜多さんが苦笑と共に言う。

「安全地帯の中に、いろいろな露店が出ていたのを覚えていますよ」

喜多さんによれば、それらの露店はいずれも中国人が営んでおり、麺類を扱う屋台や、散髪を行う店などが数多く並んでいたという。

喜多さんの以上のような証言は、同連隊の通信班の一人であった小西與三松伍長が綴った日記の記述とも重なる。

〈街の辻々に、少量の品を並べた出店がズラリと並ぶ。野菜、揚げ物、万頭《まんじゅう》、古着を並べた店が多く、散髪屋に靴直しなども居て、どの店もはやっている。銀色の大きなボタンの制服を着た男が、愛嬌のある挙手の敬礼をした。自警団か消防手だろう。行き交う難民には笑顔が多く、惨たる街の中に小さな平和を感じた〉

南京で医師をしていたウィルソン・ロバートの日記（十四日）には、安全地帯についてこう記されている。

〈日本軍はとくに大砲の射撃に際して、安全地帯を尊重しているように見えた〉

ただし、各地で行われた掃蕩戦の中には、便衣兵と住民の区別が困難なことから、過剰な取り締まりに至ってしまった事例もあった。歩兵第七連隊第一中隊の水谷荘の陣中日記にはこうある。

〈各中隊とも何百名も狩り出して来るが、第一中隊は目立って少ない方だった。それでも百数十名を引立てて来る。その直ぐ後に続いて、家族であろう母や妻らしい者が大勢泣いて放免を頼みに来る。市民と認められる者は直ぐ帰して、三六名を銃殺する〉

便衣兵戦術が国際法で禁じられているのは、まさにこういった事態を回避するためであった。

＊

十二月十七日、入城式が挙行された。庁舎の前庭で催された記念式典では、国旗掲揚や東方遥拝に続いて、松井の発声による万歳三唱が行われた。

松井は南京の陥落によって「戦争は終結する」と考えていた。日本軍による南京の占領は、中国の民衆を「蔣介石の独裁」や「共産化」から護ることになると信じていた。

松井の強い意向によって、南京に住民代表から成る自治委員会が発足したのは、それから間もない昭和十三（一九三八）年一月一日のことであった。

軍紀と治安

そんな松井を憂慮させたのが「軍紀徹底の難しさ」であった。すなわち、一部の部隊から軍紀違反の報告が届けられたのである。その内容は、自動車や家具の掠奪などが大半であった。強姦事件の発生も報告され、その容疑者の予備中尉は軍法会議の結果、禁固刑に処されて旅順の陸軍刑務所に移送された。

松井は激怒した。上海派遣軍参謀副長の上村利道の陣中日記によれば、松井は「軍紀を緊粛すべきこと」「支那人を馬鹿にせぬこと」などと重ねて強く訓示したという。

島田さんは軍紀についてこう語る。

「私のいた部隊では、軍紀は非常に厳しかったです。しかし、一部の兵士に軍紀違反があったことは事実でしょう。戦場の常とはいえ、それは絶対に許されることではありません。ただし、南京での軍紀自体は基本的には本当に厳しかったんですよ。それは間違いありません」

一部の将兵の間で発生した軍紀違反は、極めて忌まわしき史実である。ただし、全体としての南京の治安が、日を追うごとに回復したのも事実であった。日本側の指導のもと、市民の住民登録が進められ、登記者には「安居ノ證」という証明書が手渡された。これにより、便衣兵に悩まされていた日本側の宿願だった「兵民分離」は大きく前進した。

一時は退避していたアメリカやイギリスの領事たちも、昭和十三（一九三八）年の初頭には相次いで南京市内に戻った。これは南京の治安が回復していた一つの証拠である。

その後、中支那方面軍司令官は松井から畑俊六《はたしゅんろく》に交代。松井は最後まで中国の状況を案じながら、帰国の途に就いた。

しかし、南京戦が終わっても、戦争は終わらなかった。蒋介石はさらなる抗戦を叫んだ。「南京を占領すれば戦争は終わる」という松井の目算は完全に外れた。

興亜観音の設立

帰国後の昭和十三（一九三八）年四月、松井は菩提寺《ぼだいじ》である静岡県磐田《いわた》郡（現・磐田市）の天龍院《てんりゅういん》を参詣。同院の二十七代目住職である榎本泰宣さんは当時まだ七歳だったが、この日のことを覚えているという。

「とにかく沢山《たくさん》の人たちが集まっていました。当時は小学生に『将来、何になりたい？』と聞けば『陸軍大将』と答えるような時代ですからね。本物の陸軍大将を見て興奮したのを覚えています」

松井は軍服姿で、周囲には側近の者たちが数名いたという。

「南京陥落からまだ間もない時期でしたからね。雰囲気としては『凱旋《がいせん》報告』という感じでした。子供から大人まで、大変な賑《にぎ》わいだったと思います」

榎本氏が続ける。

「本堂に上がる階段のところで、松井大将が群衆に向けて挨拶をしたのを覚えています。その内容までは記憶していませんが、大将の身体が随分と小さくて痩せていたことが印象として残っています」

*

静岡県熱海市の郊外、伊豆山《いずさん》の中腹に「興亜観音《こうあかんのん》」と呼ばれる観音像が建立《こんりゅう》されたのは、昭和十五（一九四〇）年二月のことである。陸軍の表舞台から身を引き、東京から熱海に生活の拠点を移した松井が、日中両国の戦没者を慰霊するために開基《かいき》した観音堂であった。

観音像は三メートル以上の高さを誇る。興亜観音の堂守《どうもり》を務める伊丹妙浄尼《いたみみょうじょうに》はこう話す。

「この観音像は中国の激戦地であった大場鎮《だいじょうちん》の土、そして南京の土を日本まで運び、それを使用したのだということです。これも松井閣下たっての希望だったと伝え聞いております」

本堂には「支那事変日本戦歿者霊位」と「支那事変中華戦歿者霊位」と記された二つの位《い》牌《はい》が並んで安置されている。日中両軍の戦没者を平等に供養することが松井の意向であった。

日中の戦いは尚も続いていたが、松井は連日、この観音堂に参拝して祈りを捧げた。戦争

日中双方の血と土でつくられた興亜観音像

はその後、対米英戦に拡大したが、松井はこの伊豆山において御霊《みたま》の鎮魂に努める日々を送った。

終戦の日も、松井はこの地で迎えた。

昭和二十一（一九四六）年三月、そんな松井に驚くべき一報が届く。それは、GHQ（連合国軍最高司令官総司令部）の戦犯指名による出頭命令であった。この時、松井、六十七歳。

拘束された巣鴨の地で起訴内容の詳細を知った松井は、さらに驚愕《きょうがく》することになる。その起訴内容とは「南京戦は市民への計画的な大虐殺」であり、「松井が大虐殺を指示した」というものであった。松井はあまりの内容に半ば呆然《ぼうぜん》となったという。

松井自身、南京戦で多数の犠牲者が出たことや、軍の一部に軍紀違反があったことは充分に認めるところであった。しかし、検察側からの「松井が南京市民を大虐殺するように計画し、命令した」という主張には、驚きを禁じ得なかったのである。

大虐殺はあったか？

法廷で検察側は「松井が残虐行為を命じた」と繰り返し主張した。一方、弁護団副団長の清瀬《きよせ》一郎は南京戦について、

「不当に誇張せられ、ある程度、捏造《ねつぞう》までもされております」

と反論。さらに、アメリカ人弁護人のラザラスも、

「南京虐殺事件には誇張がある」

と述べた。証人喚問に立った元第三師団野砲兵第三連隊の大杉浩は、当事者の声としてこう語った。

「城壁の近くには支那軍の戦死体が相当数ありましたが、常民の死体は見ませんでした。（略）また一般民家もほとんど破壊されていませんでした」

「常民」とは一般民衆のことを指している。また、上海派遣軍の参謀部員だった榊原主計《かずえ》は次のように証言した。

「南京で火事があったと言うのも日本軍の占領前のことで占領後には大規模な火事はなかった。自分が知っている範囲ではごく小部分が焼失していたのみで大部の市街は焼けていない。夫子廟《ふしびょう》附近にしろ、その他の中心地にしろ、戦前のまま残っているのは現地を見れば明瞭であります」

榊原は続けて以下のように述べた。

「これを東京のそれに比較したら物の数でもない」

東京の市街地は、米軍による無差別爆撃によって一面の焦土と化していた。すなわち、「両都市の景色が真実を証明しているではないか」と彼は問うたのである。

判決

しかし、検察側はその後も一貫して強硬な姿勢を崩さなかった。最終論告で検察側はこう述べた。

「六週間に南京市内とその周りで殺害された概数は、二十六万ないし三十万で、全部が裁判なしで残虐に殺害された」

「二十六万ないし三十万」という数字は、中国側の一方的な主張に基づくものであり、これに対する検証は行われなかった。かたや、日本側の証言はほぼ無視された。結局、判決文にはこう記された。

〈幼い少女と老女さえも全市で多数、強姦された。そしてこれらの強姦に関連して、変態的と残虐的な行為の事例が多数あった。多数の婦女は強姦された後に殺され、その死体は切断された〉

松井に関しては、以下のように結論付けられた。

〈これらの恐ろしい出来事を緩和するために、かれは何もしなかったか、何かしたにしても効果のあることは何もしなかった〉

昭和二十三（一九四八）年十一月十二日、松井に下された判決は絞首刑。松井はこの判決を、背筋を伸ばしたまま黙って聞いていたという。

判決は十一人の判事による多数決で決められたが、死刑票が七票、反対票が四票という結果であった。中華民国の代表判事は、死刑に投じていた。同裁判の首席検察官であるジョセフ・キーナンはこう語った。

「なんというバカげた判決か。（略）松井、広田（著者注・広田弘毅《こうき》）が死刑などとは、全く考えられない。松井の罪は部下の罪だ。終身刑がふさわしいではないか」

*

死刑宣告を受けた後も、松井はその執行の日まで読経《どきょう》の日々を送った。獄中の松井は、中国風の衣服を着ていることも多かったという。

松井の心中にあったのは、最後まで中国のことであった。松井は共産化していく中国の行く末を深く案じていた。遺書にはこう記されている。

〈ただ多年心と身を賭して志したる日華の提携とアジアの復興をとげず、却ってわが国家百年の基を動揺せしめたることは遺憾の極みにして、余の心霊は永く伊豆山の興亜観音にとどまり、一心観音経に精進し、興亜の大業を奮守すべし〉

十二月二十三日、松井は刑場の露と消えた。

南京訪問

現在の南京市には高層ビルが林立し、街の中心部には地下鉄が走る。

拡張工事の進む南京大虐殺記念館（侵華日軍南京大屠殺遭難同胞紀念館）の正面入り口には、犠牲者数として「三十万人」という数字が大きく掲げられている。

南京で買い求めた英語表記の地図には「The Japanese army captured Nanjing and slaughtered 300,000 civilians in Nanjing」との一文があった。日本軍が三十万人の「一般市民（civilians）」を「虐殺した（slaughtered）」とする表記である。

南京大学に通っているという男子学生は、キャンパスに程近い食堂の一席でこう言った。

「松井石根は、日本のヒトラーである」

彼のような意見は、南京において珍しいものではなかった。彼とは別の人々からも、類似の言葉を耳にした。松井の存在は南京市民の間に広く知られていた。フルネームを知らなくても「松井」という姓はわかるという人も少なくなかった。しかし、そんな松井が実際には日本陸軍きっての「日中友好論者」であり、中国の未来を案じながら逝ったことを知る者は一人もいなかった。

最後に、南京戦体験者である島田親男さんの言葉を付しておきたい。

「南京戦で多くの犠牲者が出たのは間違いありません。それに関しましては、私も犠牲者の方々への鎮魂の思いをずっと抱き続けております。しかし、三十万人と言えば広島と長崎の原爆被害者の数よりも多い。当時の私たちにそんな攻撃力があったとは到底思えません。証言の中に多くの嘘が混じっていることは間違いないのです。事実は事実として、正確に語り継いでほしい。なぜ、戦後の日本人は中国人の言うことばかり信じて、私たちの言葉には耳を傾けてくれないのでしょうか」

第三章　軍人たちの戦い

もう一つのユダヤ人救出劇

樋口季一郎の功績

多くのユダヤ難民を救った陸軍中将・樋口季一郎。占守島の戦いにより、ソ連の北海道占領も防いだ

「日本人によるユダヤ人救出劇」と言えば、杉原千畝《すぎはらちうね》の功績がよく知られている。

一九四〇（昭和十五）年、リトアニア駐在の外交官だった杉原は、ナチス・ドイツの迫害から同国に逃れてきたユダヤ難民に対して特別ビザを発給。この「命のビザ」によって、約六〇〇〇人ものユダヤ人が救われたとされる。日本人が知っておくべき史実の一つである。

しかし、実は救出劇はもう一つ存在した。それが陸軍軍人・樋口季一郎《ひぐちきいちろう》の主導による「オトポール事件」である。この救出劇が行われたのは一九三八（昭和十三）年。つまり、杉原のビザ発給より二年も前の話である。舞台は満洲国であった。

樋口は明治二十一（一八八八）年八月二十日、淡路島の阿万村《あまむら》（現・南あわじ市）で生まれた。本姓は「樋口」ではなく「奥濱《おくはま》」という。樋口姓を名乗るのは、後に父方の叔父にあたる樋口勇次の養子になってからである。

樋口は大阪陸軍地方幼年学校から東京の中央幼年学校へと進み、明治四十（一九〇七）年十二月、陸軍士官学校に入学した。

その後、陸軍大学校へと進んだ樋口は、対ロシアの専門家として研鑽《けんさん》を重ね、同校卒業後はウラジオストク特務機関員、ハバロフスク特務機関長などを歴任。「情報将校」として、インテリジェンスの世界を歩んだ。

樋口はその後、朝鮮軍参謀などを経て、ポーランド公使館付武官を拝命。約三年間に及ぶポーランドでの生活を通じ、激動の渦中にあるヨーロッパの最新情勢を学んだ。この時にユダヤ人問題への理解も深めた。

昭和十二（一九三七）年八月、樋口は満洲のハルビン特務機関長に就任。昭和史で言うと、日中戦争勃発の翌月にあたる時期である。

十二月、ハルビンで第一回となる極東ユダヤ人大会が開催された。これはちょうど中国で南京戦が始まった頃にあたる。ハルビンは歴史的にユダヤ人が多く暮らす街であった。

樋口はハルビン・ユダヤ協会（後の極東ユダヤ人協会）会長であるアブラハム・カウフマンから要請され、来賓としてこの大会に参加。壇上に立った樋口は、ドイツで強まりつつある「ユダヤ人迫害」の趨勢《すうせい》を強く批判した。会場は割れんばかりの拍手で包まれたという。

大会後の地元紙『ハルビン新聞』（一九三八（昭和十三）年一月十一日付）には、樋口のインタビュー記事が掲載されている。日本にとって友好国であるドイツへの批判を公然と口にした樋口のもとには、陸軍内からも多くの批判が寄せられていた。この点について問われた樋口は、こう返答している。

〈どうして日独関係の悪化の原因になるのですか、我々が極東に滞在するユダヤ人に接して善意を示すことが。（略）日独の友好関係の基本とは、コミンテルンに対する闘いじゃないですか。そこでは民族やいわんや日独に関係なくすべての反政府分子に対しては厳格な措置を執らなければならないが、思想穏健なる者に対しては友情の手を差し伸べなければなりません。私はこれこそ日本精神だと思うし、ドイツ民族主義の精神だと思います〉（訳・宮崎又郎）

満洲国外交部への働きかけ

「満洲国西部の満洲里《まんしゅうり》駅の対岸に位置するソ連領・オトポールに、ユダヤ人の難民が姿を現した」との一報が樋口のもとに届いたのは、この新聞記事の掲載から二ヶ月ほど経った三月八日のことであった。

ナチスの弾圧から逃れようとしたユダヤ人たちは、まず隣国のポーランドに受け入れを求めた。しかし、ポーランド政府はこれを拒否。次に彼らが目指したのがソ連であった。シベリア開拓のための労働力を欲していたソ連政府は、ユダヤ難民の入植を認めた。

しかし、都市生活者が大半を占めるユダヤ難民に、極寒の地での肉体労働は困難であった。結果、ソ連政府は方針を転換。一転して彼らの滞在を拒否し、迫害する姿勢を見せるようになった。

こうしてシベリアからも追われたユダヤ人たちが救いの手を求めた先が、満洲国だったのである。彼らの主な願いは、満洲国を通過して上海に抜けることであった。欧米列強の租界のある上海は、ビザがなくても滞在が可能だった。

しかし、満洲国外交部は入国ビザの発給を拒否。ドイツの顔色をうかがったためである。シベリア鉄道に乗って東方に落ち延びてきた難民たちは、国境の町であるオトポールの地で立ち往生し、原野にテントを張るなどして寒さを凌《しの》いでいた。しかし、三月といえども当地の気候は厳しく、すでに凍死者も出ているような状態であった。

ポーランドでの滞在経験を持つ樋口は、ヨーロッパにおけるユダヤ人の苦境を充分に理解していた。しかし、先のユダヤ人大会への出席の件を見てもわかる通り、ドイツの国策に反するような態度を改めて示せば大きな問題に発展することは明らかであった。

だが、樋口はあくまでも人道的な見地に鑑《かんが》み、臨時の特別ビザを発給するよう満洲国外交部に働きかける決断を下した。自らの失脚を覚悟した上での結論であった。

樋口はまず、満洲国外交部ハルビン駐在員の下村信貞《しもむらのぶさだ》と協議。下村は外交上の細かな手続きに奔走した。また、樋口はアブラハム・カウフマンと連絡を取り合い、食糧や衣服の手配といった受け入れ態勢を整えた。

さらに、樋口は南満洲鉄道株式会社（満鉄）総裁の松岡洋右《ようすけ》のもとを訪ね、難民を移送するための特別列車の手配を直談判。松岡と言えば、後に外務大臣として日独伊三国軍事同盟の締結に中心的な役割を担う人物である。

樋口は各方面との折衝を速やかに進めた。長くインテリジェンスの世界に身を置く樋口は、冷静かつ迅速に指示を出していった。

特別ビザの発給

樋口の四女である智恵子さんはこの当時、まだ四歳の少女だった。智恵子さんはこう話す。

「昭和十三年頃、私たち家族は満洲国のハルビンにおりました。やや断片的なものですが、確かに記憶はあります。私はよく家でピアノの練習をしていました」

智恵子さんがハルビン時代の写真を見せてくれた。官邸の一室で写したというその一枚には、向かって右に樋口、左に妻の静子、二人の間におかっぱ頭をした智恵子さんがいる。樋口はネクタイの上に部屋着をはおり、静子は和装である。智恵子さんが続ける。

「毎朝、父は運転手さんの運転で特務機関まで行くのですが、私もよく一緒に車に乗ってついて行きました。到着するとそこで父と別れて、私はまた車で家まで戻るんです。それは私にとって一日の中の大きな楽しみの一つでした。ところがある日、母から『今日は行っちゃだめ』と強く言われたことがあったのです。私がそれでも『行く行く』と駄々《だだ》をこねたら、母に初めてお尻をペンペンと叩かれました」

その時、智恵子さんにはその理由がわからなかった。しかし後日、母が、

「お父様がクビになる。日本に帰ることになるかもしれない」

などと口にしながら、荷物の整理をしていたことを智恵子さんは記憶している。

「今から思えば、その頃がユダヤ人難民の事件が起きていた時だったのかもしれません。その時の私は詳しいことは何もわかっていませんでした。私が救出劇について知ったのは、戦後ずっと経ってからのことです。ただ、母は当時からすべてを知っていたのでしょう」

三月十二日、夕方のハルビン駅に特別列車が到着した。プラットホームに停車した車両からは、疲れ切ったユダヤの人々が続々と降りてきた。特別列車の運賃は、松岡の指示により無料とされていた。難民たちには「五日間の満洲国滞在ビザ」が発給された。

余談となるが、ハルビン駅と言えばかつて伊藤博文が安重根《アンジュングン》に暗殺された現場である。伊

藤が無念の鮮血を流した忌まわしき地が、ユダヤ難民救出劇の舞台として新たな歴史を刻んだ。

ハルビン駅を出た難民たちは、近隣のホテルや商工クラブ、学校などへ収容された。

しかし、このような動きをナチスが看過するはずもなく、後日、ドイツ外務省から日本政府に対して抗議が伝えられた。関東軍内でも樋口に対する非難の声が噴出した。

樋口は新京《しんきょう》(現・吉林《きつりん》省長春《ちょうしゅん》市)の軍司令部に出頭。この時、樋口は関東軍参謀長・東條《とうじょう》英機《ひでき》に対して、次のように言い放ったという。

「参謀長、ヒトラーのお先棒を担いで弱い者いじめすることを正しいと思われますか」

東條は樋口の主張に理解を示し、「当然の人道上の配慮」として彼を不問に付した。樋口はこうして失脚を免れた。

＊

「ヒグチ・ビザ」によって救われたユダヤ難民の数については議論がある。ユダヤ側は「二万人」といった数字を用いることが多いが、その実証性には疑問も残る。

樋口が開いた「ヒグチ・ルート」は、一九四一年六月にドイツ軍がソ連に侵攻するまで継続して使用された。現地で列車の手配などを担当した東亜旅行社(現・ＪＴＢ)の記録簿を確認すると、一九三八年にドイツから満洲里を通って満洲国に入国した者が二四五名、一九三九年が五五一名、一九四〇年は三五七四名となっている。この数字のかなりの割合が、ユダヤ人だったと考えられる。

一部の難民はそのまま開拓農民としてハルビン周辺への入植が許されたが、多くの者たちはその後、上海や大連《だいれん》などへ向かった。

そんなオトポール事件に関し、その後の樋口は多くを語らなかった。その結果、この救出劇は「知られざる事件」として昭和史の中に埋もれていった。事件に対する樋口の動機や思いには、不明な部分も少なくない。そんな中、樋口の孫である隆一さんは次のように語る。

「祖父がこんなことを話していたのを覚えています。『自分がヨーロッパに滞在していた当時、有色人種たる日本人に対する差別の目が歴然と存在していた。日本人が下宿を貸してももらえないなんて話は山ほどあった。そんな中で、日本人に家を貸してくれたのは十中八九、ユダヤ人だった。日本人はユダヤ人に非常に世話になっていたんだよ』と。祖父の決断の背景に、そういった当人の生の体験と、その上に築かれた心情が強くあったことは、無視できないのではないでしょうか」

ゴールデンブックを探して

樋口に関してしばしば語られるのが「ゴールデンブック」にまつわる話である。ネット上には「イスラエルにはユダヤ人にとって最高の栄誉であるゴールデンブックというものがあるが、樋口はその四番目に記されている」「ゴールデンブックとはエルサレムの丘に建つ黄金の碑のことである」といった話である。私は事実関係を確認するためイスラエルに飛んだ。

現地で取材を進める中でまず判明したのは、ゴールデンブックの所在地である。ゴールデンブックは「黄金の碑」などではなく、エルサレムに事務所を置くJNF（ユダヤ民族基金）という団体が保管しているものであることがわかった。

私は早速その事務所を訪ね、同所で働く女性職員のエフラット・ベンベニスティさんにお話をうかがった。エフラットさんは丁寧な口調でこう語る。

「ゴールデンブックというのは、私たちJNFに対する献金記帳簿のことです」

一九〇一年に開催された第五回シオニスト会議の席でJNFの創設が決定されたが、問題はその運営資金であった。そこで初代会長のヨハン・クレメネッキーが考案したのが、広く献金者を募った上で彼らの名前を特別の記帳簿に記録していくというシステムだった。

その献金記帳簿が「ゴールデンブック」の正体であった。そして、その中に樋口の名前は確かにあるという。

事務所の二階に上がると、ガラス張りのケースの中に縦六十センチ、横四十五センチほどの分厚い本が何冊も並べられている光景が目に入った。それぞれ表紙のデザインはすべて異なっている。エフラットさんは言う。

「ゴールデンブックの第一巻は一九〇一年に編纂されました。現在は二十六巻まであります。いずれも当基金への献金者の名前を列記したものです」

「ゴールデンブックというのは、ユダヤ社会における『最高の栄誉』といったものではないのですか？」

私の問いに、エフラットさんが苦笑を見せた。

「栄誉ではありますが、『最高の栄誉』といったものとは違いますね」

エフラットさんはそう言って、パソコンのある部屋へと案内してくれた。彼女が端末に「ＨＩＧＵＣＨＩ」と手際よく打ち込むと、間もなく検索結果が画面に映し出された。

「ヒグチの名前は第六巻、四〇二六番目にあるようです」

エフラットさんは他の職員に命じ、ガラス張りのケースの中からゴールデンブックの第六巻を持ってこさせた。

表紙には黄金の門が描かれていた。重厚なその表紙を開くと、多くの名前と献金額などが表組になって記されていた。「４０２６」という数字を手がかりにページをめくっていくと、

樋口の名前があるイスラエルのゴールデンブック

確かにそこに樋口の名前があった。ヘブライ語の表記の下に「ＧＥＮＥＲＡＬ　ＨＩＧＵＣＨＩ」と記され、その下には「ＴＯＫＹＯ」と付されていた。

樋口の名前のすぐ下の欄にはカウフマンの名前があった。「ＤＲ．ＡＢＲＡＨＡＭ　ＫＡＵＦＭＡＮ」とあり、その下に「ＨＡＲＢＩＮ」と書かれている。

さらにその下には、安《やす》江《え》仙弘《のりひろ》の名前があった。樋口とは陸軍士官学校の同期生という間柄でもあった安江は、ユダヤ問題のエキスパートであり、難民救出の際には実務面で奔走した。

オトポール事件にまつわる三人の名前が、ゴールデンブックの中に静かに並んでいた。

しかし、献金額の欄には金額が記入されておらず、代わりに「ハルビンの極東ユダヤ人協会からの記入」という意味の言葉が記されていた。エフラットさんは次のように説明する。

「この献金名簿には、献金者が自らの名前を記す場合の他に、お世話になった方や恩人の名前で献金を施すケースも少なくありません。ですから、この記録から判断すると、極東ユダヤ人協会がお世話になった三人の名前で当基金に献金をしたのだと思います。ヒグチが自ら献金したわけではないようですね」

エフラットさんは改めてこう語る。

「ヒグチは多くのユダヤ人を救った恩人です。彼は勇気と親切の気持ちを持っていた偉大な人だと考えています」

ゴールデンブックは確かにこの地に存在し、そこには樋口の名前もあった。しかしそれは、ユダヤ社会における最高の栄誉といったものではなく、献金記帳簿であった。

それでも、極東ユダヤ人協会が三人への感謝を表すため、彼らの名前で献金したことは事実である。

オトポール事件のような逸話は、事実に不純物が混じりやすい。その功績に対しては無闇に美化することなく、史実だけを丁寧に語り継いでいく姿勢が重要となろう。

ユダヤ人が語る感謝の言葉

イスラエルの中心都市であるテルアビブから列車で北部に一時間ほど行くと、ベンヤミナという小さな駅に着く。そこからタクシーで二十分ほど走った地に目的の村はあった。名前をアミカームという。乾いた砂地の中に広がるユダヤ人入植地である。

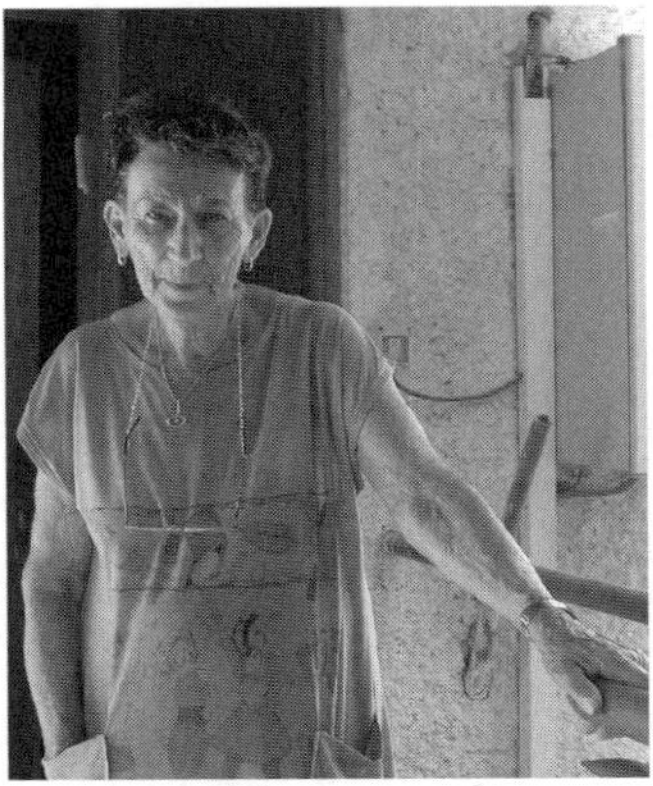

樋口の偉効について語るイスラエル在住のクララ・シュバルツベルグさん

この村に住むクララ・シュバルツベルグさんに話を聞いた。

クララさんは一九二六年、ドイツのベルリンで生まれた。しかし、一九三八年の春、クララさん一家はドイツを脱出。フランスのマルセイユから船に乗り、遼東《りょうとう》半島の大連へと向かった。コロンボやシンガポールを経て船が大連に着いたのは、約一ヶ月後のことであった。その当時、クララさんは十二歳だった。

当時の大連は日本の租借地であったため、街には日本人の姿が多かった。すでに日本と中国は戦争状態にあったが、毎日の生活の中で危険を感じるようなことはなかったという。

そんなある日、クララさんは大連駅に多くのユダヤ難民が到着した光景を目撃した。

「一九三九年か、四〇年の春だったと思います。ロシアからシベリア鉄道で大連まできたというユダヤ人の一団と出会いました。本当は上海へ行きたかったが、船がなく鉄道できたという人たちでした。皆、とても疲れた顔をしていたのを覚えています」

時期やルートから類推すると、ヒグチ・ルートを通ってハルビンまで逃れ、そこから大連に到着した難民だと考えられる。

クララさん一家はその後、一九四三年にハルビンに転居した。クララさんは同地で、後に夫となるベンジャミン・シュバルツベルグと出会う。

「ハルビンには多くのユダヤ人がいましたが、そのコミュニティの中でベンと出会いました。優しい人でした」

クララさんはそう言って、壁に飾られている数枚の写真を指差した。「ベン」は私の訪問の八年前に胃癌《がん》でこの世を去っていた。お腹まわりのふくよかな、人の良さそうな白髪の老人が写真の中で笑っていた。

そんなベンジャミンが生前、「ヒグチ」のことをよく口にしていたという。

「ベンジャミンはハルビンで開催された第一回極東ユダヤ人大会に出席したと話していました。彼はこの大会でヒグチのスピーチを聞き、感動して拍手をしたのだそうです。生前のベンジャミンはヒグチのことを『グレートマン』と評していました」

クララさんは樋口について改めてこう語った。

「ヒグチは偉大な人物です。私たちは心から感謝しています。彼の存在を決して忘れません。日本人はヒグチのことをあまり知らないのですか？　それは本当ですか？　日本人は学校で何を習っているのですか？」

＊

平成三十（二〇一八）年六月、樋口の孫である隆一さんが、初めてイスラエルを訪問。JNFから「ゴールデンブック」の証明書」を授与され、盛大な贈呈式が執り行われた。

「ヒグチ・ビザ」で救われた方々のご遺族との対面も果たした。「オーストリアのウィーンを脱出した父親が、ヒグチ・ビザによって助けられた」という七十七歳の老人には夕食に招待された。ダニエル・フリードマンという方であったという。

「ダニエルさんはハルビンの生まれということでした。ダニエルさんの父親はカールさんと言って、ウィーンから逃げてきた彼が満洲国にヒグチ・ビザで入国し、特別列車でハルビンまできたと。その後、カールさんはハルビンで結婚し、ダニエルさんが生まれたという話でした。その夕食会はダニエルさんの息子さんも一緒でした。ミッキーさんという方です。カールさんの孫ですね。まさにファミリーヒストリーという感じで、感動的でしたよ。ミッキーさんは戦中派から見て第三世代ということになりますが、ヒグチ・ビザのことについて興味津々という感じでした」

隆一さんはイスラエルで講演会を行ったが、同じく「ヒグチ・サバイバー」の遺族だという女性からはこう言われたという。

「考えてみるとあなたのおじいさんなくしては、私はここに存在しない。だから本当に心から感謝しています」

ガダルカナルの戦い

「餓島」と呼ばれた島

南太平洋のソロモン諸島に位置するその島は「餓島《がとう》」の呼称で昭和史に刻まれている。愛媛県ほどの面積を持つガダルカナル島は日米戦時、両軍が激しくぶつかり合う最前線と化した。日本軍は極度の食糧不足に陥り、多くの将兵が餓死する惨劇を招いた。そこから生まれた呼称が「餓島」である。

昭和十七（一九四二）年七月、日本の海軍設営隊はこの島に飛行場を設営した。日本側の目的は、米軍とオーストラリア軍との連絡線を遮断することであった。

しかし、この飛行場に目を付けた米軍が八月七日、同島への上陸作戦を開始。米軍にとっても航空機の前進基地の確保は急務であった。同島を急襲した米軍の第一海兵師団は、日本軍が整備したばかりの飛行場を占領することに成功した。

これに対し日本軍は同月十八日、飛行場の奪回作戦として一木清直《いちききよなお》大佐率いる約九〇〇名の先遣隊を派兵した。

一木は歩兵学校の教官などを歴任した人物で、盧溝橋《ろこうきょう》事件の際に現地の大隊長だったことでも知られる。

この通称「一木支隊」は米軍の精鋭を相手に果敢に戦ったが、部隊は壊滅。一木大佐も不帰の人となった。日本側は敵の戦力を二〇〇〇名ほどと推定していたが、実際の米軍は約一万七〇〇〇名の大部隊であった。

その後も日本軍は次々と陸軍の支隊を投入。川口清健《きよたけ》少将率いる川口支隊は、九月十二日から大規模な夜襲を仕掛けたが、これも失敗に終わった。飛行場を見下ろす位置に広がるムカデ高地は「血染めの丘」と呼ばれた。

米軍の兵力を読み違えていた日本軍は、「戦力を小出しに投入する」という「逐次戦闘加入」の下策《げさく》に陥っていた。

そんな戦況を打開するために新たに派兵されることになったのが第二師団である。

この第二師団で工兵第二連隊の兵長を務めていた金泉潤子郎さんは、大正八（一九一九）年四月三十日、新潟県三島《さんとう》郡で生まれた。

昭和十五（一九四〇）年四月、金泉さんは仙台を編成地とする同連隊に入隊。土木や建築を専門とする工兵は、架橋や陣地構築などを主な軍務とする。金泉さんはまず技術習得のための訓練に追われた。

その後、金泉さんは蘭印《らんいん》（オランダ領東インド）のジャワ島への上陸作戦に参加。上陸成功後は現地で下士官教育の助手を任されたが、戦況の推移によってガダルカナル島に派遣されることになったのである。

総攻撃の失敗

昭和十七（一九四二）年十月四日、金泉さんの乗った駆逐艦「時雨《しぐれ》」は、ガダルカナル島のカミンボという沿岸部に到着。金泉さんは上陸時の様子をこう追想する。

「私は古い上陸用舟艇で上陸しました。しかし、港湾施設や機器の不足から、駆逐艦に積んであったせっかくの野砲などを充分に揚陸することができませんでした」

記録によれば、この時に上陸した陸軍将兵の数は約七五〇名である。

揚陸作業は夜を徹して行われたが、金泉さんはこの作業中に何者かによって自身の背嚢《はいのう》を盗まれてしまったという。

「すでに島にいた兵士たちが作業を手伝ってくれたのですが、その中の誰かが私の背嚢を盗んでいったんです。米や乾パンなど、一週間分の糧秣《りょうまつ》の入った大切な背嚢でした。彼らは九州の部隊でしたが、今でも忘れられません」

夜が明けると、米軍からの激しい攻撃が始まった。地上の野砲はもちろん、沖合からの艦砲射撃も熾烈《しれつ》だった。

「今までに見たことがないような攻撃でした。米軍と日本軍とでは武器が違い過ぎることを痛感しました」

上陸部隊を指揮する第十七軍司令部は当初、「上陸地点から沿岸部を直進してそのまま飛行場へと正面突破する」という作戦を企図していた。しかし、野砲の不足などから正攻法に不安を感じた司令部は「部隊を秘密裏に大きく迂回《うかい》させて密林を通過し、飛行場の背後に出て奇襲する」という作戦に転じた。

その結果、密林の中に新たな進撃路を切り開くことが喫緊《きっきん》の課題となった。

この重要な軍務を任されたのが、金泉さん属する工兵第二連隊であった。後に師団長の丸山政男中将の名前から「丸山道《どう》」と呼ばれることになるルートの開拓である。

丸山は明治二十二（一八八九）年、長野県の生まれ。陸軍士官学校、陸軍大学校を経て、イギリス大使館付武官や近衛《このえ》歩兵第四連隊長などを歴任した人物である。

こうして工兵第二連隊による懸命の啓開作業が始まった。樹木が鬱蒼《うっそう》と生い茂っているため、密林の中は昼間でも薄暗かった。夜間は不気味な漆黒の闇と化した。

同連隊には台湾の先住民族である高砂族《たかさござく》の兵士が二人いたが、木々を伐採する際には彼らが大いに活躍した。金泉さんが言う。

「日本の細い牛蒡剣《ごぼうけん》じゃ木なんて切れません。高砂族の持つ大きな刀が、素晴らしい威力を発揮しました」

金泉さんが続ける。

「高砂族は私たちを随分と助けてくれました。飲み水の不足が深刻だったのですが、彼らは太い蔓《つる》を見つけると、それらを切って手渡してくれるんです。その茎の切断部からは、水分を吸うことができました。喉の渇きというのは、最もつらいですからね。高砂族からは大変な恩を受けましたよ」

こうして幅一メートルにも満たない丸山道は、少しずつ延伸されていった。その行程は、実に三十五キロ以上にも及んだ。

その後、切り開かれたばかりのこの道を一列縦隊になって進軍した第二師団の主力部隊は、ついに飛行場の南側まで到達。しかし、砲兵部隊などに到着の遅れが発生したため、予定されていた総攻撃は二度にわたって延期となった。

迎えた十月二十四日の午後五時、日本軍はついに総攻撃を開始。日本軍が得意とする日が暮れてからの夜襲であった。天候は雨だった。

しかし、米軍はすでに厳重な防備を固めていた。飛行場の周囲には鉄条網が幾重にも張り巡らされ、最新式の重機関銃が並べられていた。実は米軍はあらかじめ密林のあちこちにマイクロフォンを設置し、日本軍の動きを綿密に調べ上げていたのである。結果、日本軍は思うような戦果をあげることができなかった。

この攻撃は二十六日まで続いたが、金泉さんが突撃を命じられた第四次攻撃の直前に「攻撃中止」が決定された。金泉さんが苦い記憶を辿る。

「ひどい戦いでした。私のすぐ隣にいた戦友も、立ち上がった途端に撃たれて即死です。高砂族の二人も、最後は生死もわかりません」

飢えとの戦い

総攻撃は失敗に終わった。以降、金泉さんを含む残存兵たちは、密林での潜伏生活を余儀なくされた。

マラリアなどの疾病にも悩まされたが、最大の懸案となったのはやはり食糧の確保であった。金泉さんがその体験を語る。

「ヤシガニを捕まえて食べました。椰子《やし》の木の下にいるんですよ。あとはトカゲや植物の葉っぱなど、何でも口に入れました」

銃弾よりも、飢えや渇きが最大の敵となった。

軍医としてこの島の戦いに従軍していた高木八郎は、こんな歌を詠んでいる。

軍刀もて大蜥蜴《おおとかげ》追ふ戦友をわれは見てゐつ気力失せつつ

ただし、陸海軍の上層部も、この島を見棄てたわけではなかった。十一月上旬には、大規模な輸送船団が同じソロモン諸島のショートランド泊地からガダルカナル島に向けて出航している。しかし、多くの輸送船が敵の急降下爆撃機などの攻撃に晒《さら》され、あえなく炎上。日本側は輸送船を守るべき航空戦力をすでに大きく欠いていた。貴重な食糧や弾薬がソロモン海に消えた。

こうして金泉さんたち島内の将兵たちは、完全に孤立した。それでもごく稀《まれ》に糧秣が配給されることがあったが、受領の際には惨憺《さんたん》たる場面が生じた。

「日本兵同士による糧秣の奪い合いですよ。密林の中でゲリラと化した兵士たちが『泥棒』となって襲ってくるんです。もう喰うか喰われるかですね。戦場なんて最後はそんなもんですよ。この世の地獄でしたね」

ある時、金泉さんは「子牛」と言われて出された肉を口にしたことがあった。しかし、実際には「人肉だったかもしれない」との疑念を今も拭《ぬぐ》うことができない。

一方の米軍は、日本軍とは比較にならないほどの豊富な物資を有していた。金泉さんが苦笑しつつ語る。

「クリスマスの夜、米兵たちは白いテントを張り、音楽をかけてダンスをしていました。私たちは背後から静かに近付いて、置いてあった物資を盗みました。乾パンやらチョコレートやら、いろいろな物が入っていて驚きましたよ」

日本兵の中には、極度の栄養失調の中で下痢を起こす者が多かった。金泉さんは腹を下した時には木炭を食べて凌《しの》いだ。それは、かつて母親から聞いた知恵の一つであった。木炭を食べると不思議と症状が治まった。

極限

そんな日々を送っていたある日、患者収容所の脇を歩いていた金泉さんは、不意に誰かに呼び止められた。患者収容所と言っても、土の上に枝が並べられている程度のものである。

「金泉さん、金泉さん」

陸軍において「さん付け」で呼ばれることなどほとんどない。

不思議に思って視線を移すと、「村越」という同郷人が横たわっている姿が目に入った。

「新潟時代の幼馴染《おさななじ》みです。年齢は彼が私の一つ下。彼は近所の呉服屋の長男でした。私の母もその呉服屋で反物《たんもの》を買ったりしていましたから、本当に古い付き合いです」

そんな幼馴染みが、足に重傷を負って横になっていた。身体もひどく衰弱しており、もはや動けない状態であった。金泉さんはこの時の様子を静かな口調でこう振り返る。

「将校さんは担架で運ばれるけれども、下の兵はそれも無理ですからね。おそらく彼が生き延びることは難しいだろうと思いました。しかし、こちらも自分が生き抜くことで精一杯で、おぶって行くこともできない。つらい体験でしたね」

それでも金泉さんは、

「これを食べて、頑張って後から来いよ」

と持っていたわずかな食糧の一部を幼馴染みに手渡した。

しかし、彼と会うことはその後、二度となかったという。

他方、極限の状態において自決を選ぶ戦友もいた。

「戦う意欲がなくなってしまうんでしょうね。歩兵銃の銃口を口に咥《くわ》えて、足の親指で引き金を引くんですよ」

金泉さんが呟《つぶや》く。

「ガダルカナル島では多くの戦友を失いましたが、『天皇陛下万歳』なんて言って死んだ奴はほとんど見たことがないですね。私が知っている範囲では一人だけです。皆ね、口にしたのは『おっかさん』ですよ。それが実際の戦場でしたね」

撤退

昭和十八（一九四三）年の年明けをガダルカナル島で迎えた陸軍大尉の若林東一《とういち》は、元旦に際して次のような言葉を記した。

〈「ガ島」第一線に新春を迎う。
将に必勝の元旦なり。
謹《つつし》みて聖寿《せいじゅ》の萬歳を寿《ことほ》ぎ奉る。
我が中隊本朝一粒の食なきも、士気極めて旺盛《おうせい》なり。
水筒一杯の水は滾々《こんこん》として活力の泉となる。
既に死生なく、任務は重し。若林第一線に在るからは、
願くば御安心を乞う。

元旦や糧《かて》なき春の勝戦《かちいくさ》〉

しかし、こう綴《つづ》った彼も、二週間後には帰らぬ人となった。享年三十一。

＊

そんな極限の状況の中で、金泉さんはなんとか自身の命を繋いだ。金泉さんが同島から撤

退できたのは、昭和十八（一九四三）年の二月四日である。

ガダルカナル島の戦いにおける日本側の戦死・行方不明者の数は、合わせて二万人以上にのぼる。その内、一万五〇〇〇人以上が餓死・病死だったと推定されている。

一方、米陸軍公刊戦史によれば、この戦いにおいて米軍側に餓死者は一人もいない。

二月九日の大本営発表では、ガダルカナル島の戦況に関して「撤退」ではなく「転進」という言葉が使用された。

復員して

ガダルカナル島を離れ、内地に帰還した金泉さんであったが、昭和十九（一九四四）年八月からは、中国の雲南省《うんなん》で「断《だん》作戦」に参加。中国国民党への物資援助ルートを遮断することを目的としたこの戦闘において、金泉さんは右腕に貫通銃創《かんつうじゅうそう》の重傷を負った。

その後、ビルマのラングーンにある兵站《へいたん》病院に入院。傷は癒えず、右腕には生涯にわたる障害が残った。

結局、金泉さんはインドシナ半島で終戦を迎えた。

＊

復員して故郷の新潟に戻った金泉さんは、一人の女性と出会った。村越の妹である。

金泉さんは最後の再会の場面を正直に彼女に伝えた。その話を聞き終えた後、彼女はこう言った。

「どうして兄を一緒に連れて来てくれなかったのですか」

彼女としても、それは率直な思いの吐露《とろ》だったのであろう。しかし、この言葉は金泉さんの身体を鋭く貫いた。

「これにはまいりましたね」

老翁はそう言って下を向く。

その後、金泉さんは工兵時代の技術と経験を活かし、東京で工務店を立ち上げた。

ガダルカナル島には五回、慰霊のために赴いている。金泉さんたちが必死に切り開いた丸山道は、すでに深い密林へと戻っている。

しかし、遺骨や遺留品が発見される場所を地図上で繋いでいくと、一本の道が浮かび上がってくるという。

そこがかつての丸山道である。

ペリリュー島の戦い

島民への疎開命令

第一章で述べた通り、西太平洋に位置するパラオ諸島が国際連盟の決定によって日本の委任統治領となったのは、大正九（一九二〇）年からである。

日米戦争が始まると、米軍は太平洋を西進。ガダルカナル島、サイパン島などを落とした米軍は、パラオ諸島南部のペリリュー島への大規模な上陸作戦を立案した。同島にある飛行場を奪取し、新たな攻撃拠点とするためである。

そのような動きは日本側も充分に予測していた。日本軍は迎撃態勢を整えつつ、島の住民に対して「他島への疎開《そかい》命令」を出した。

現場で疎開指示を指揮したのは、歩兵第二連隊の連隊長・中川州男《くにお》大佐である。中川は同島で暮らす約八〇〇人の原住民と、約一六〇人の在留邦人に対し、他島への退避を命じた。

この島民疎開に関して、その真偽を疑う声が一部にある。しかし、歩兵第二連隊第二大隊の軍曹だった永井敬司さんはこう語る。

「島民を疎開させたのは本当ですよ。私自身は直接、島民を指導するような立場にはありませんでしたが、米軍の上陸が始まる前に疎開が終わっていたのは事実です。島に島民はいなくなっていましたね。これは間違いありません」

永井さんは大正十（一九二一）年七月十六日、茨城県の池野辺《いけのべ》（現・笠間《かさま》市）で生まれた。地元の高等小学校を卒業した後、十八歳で現役志願。水戸の歩兵第二連隊に入営した。永井さんは言う。

「日本軍はパラオ人ととても仲良くやっていました。彼らが戦闘に巻き込まれないように、日本軍は細心の注意を払っていたのです」

ペリリュー島の激戦を戦い抜いた永井敬司さん

現地パラオでも話を聞いた。ペリリュー島で暮らすイングリッド・キングさんはこう話す。

「疎開の話は、母親から何度も聞いています。母は『日本軍から言われて、米軍の上陸戦の前に他の島に疎開した』『日本人は島民に被害が及ばないよう、丁寧に指示してくれた』などとよく話していました。『日本人のおかげで助かった』とも言っていました」

前駐日パラオ大使であるミノル・ウエキさんは次のように語る。

「私の家があったのはパラオ本島でしたが、親戚がペリリユー島にいました。その親戚が『日本軍のおかげで命拾いをした』と話していたのを聞いたことがあります。『戦争になったら危ない。我々と一緒に戦う必要はない』と言われ、強制的に疎開させられたという話でした。いや、『強制的』というよりも『心遣い』ですよね。その親戚の人も『疎開などしなくてもいいだろう。自分の島だ』という気持ちが当時はあったらしいのですが、『後から考えると本当にありがたかった』と話していました。あの疎開は、日本人が『気持ち』でやったことだと思います」

パラオ共和国の元大統領であるクニオ・ナカムラ氏

島民の中には、

「一緒に戦いたい」

と申し出る者たちもいたという。しかし、日本軍はこのような申し出を断った。永井さんは言う。

「島民に戦わせるなんてことは、日本軍の誇りにかけてできるはずがありません」

パラオ共和国の元大統領であるクニオ・ナカムラ氏にもお話をうかがった。ペリリュー島出身のナカムラ氏はこう語る。

「私の父は伊勢市出身の船大工、母はペリリュー島の首長《しゅちょう》部族の出身です。ペリリュー島の島民は、米軍の上陸作戦が始まる前に、日本軍の命令によって他の島に疎開しました。私の家族はパラオ本島のアイメリークという場所に疎開したという話です」

一九四三（昭和十八）年生まれのナカムラ氏に疎開時の記憶はないが、力強い口調で次のように続ける。

「私は先の戦争、特に当時の日本軍とその行動については、昔から大きな関心を持っています。なぜなら、もしあの時、一家で疎開していなかったら、おそらく私は今ここにいないのですから」

*

そんな島民疎開を指導した中川大佐とは、どのような人物だったのであろうか。

中川は明治三十一（一八九八）年一月二十三日、熊本県玉名《たまな》郡にて生まれた。中川家は代々、熊本藩の藩士を務めた家系であった。

中川は地元の玉名中学（旧制）を卒業した後、陸軍士官学校に入学。卒業後は日中戦争における華北戦線において野戦指揮官として多くの戦功を残し、それを評価されて陸軍大学校専科へと進んだ。陸大の専科とは、本科に進まなかった者たちの中から優秀な人材を登用するための教育機関である。中川は言わば「現場からの叩き上げ」であった。中川の姪《めい》にあたる友子さんは、実際の中川を知る人物として貴重な記憶をこう伝える。

「州男さんは、とても優しい叔父さんでした。基本的にはいつも出征していて、なかなか家にいる方ではありませんでしたが、私は何度かお会いしたことがあります。州男さんは、体つきががっしりとしている印象でした。性格としては、そんなに喋る感じではなかったですね。無口なほうだったと思います。それでも、表情はとても穏やかな人でした。ニコニコして優しく話しかけてくれたのを覚えています。州男さんはお子さんがいらっしゃらなかったから、それもあって可愛がってくれたのだと思います」

そんな中川が実現した島民疎開であった。

サクラ、サクラ、サクラ

昭和十九（一九四四）年九月十五日、米軍の第一海兵師団がペリリュー島への上陸作戦を開始した。同師団はガダルカナル島でも日本軍と戦った歴戦の精鋭部隊である。

米軍側は数日前から大規模な艦砲射撃と空襲を敢行。それは「島のかたちが変わる」と言われるほどの激しい攻撃だった。そのため上陸時には「日本軍はすでに壊滅状態だろう」と予測していた。米軍側は三日間ほどの短期戦を想定していたとされる。

しかし、それらの目算は大きく外れた。中川率いる守備隊は島じゅうに地下壕《ごう》を張り巡らせ、その中に潜んでいたのである。

地下陣地に籠《こ》もっていた日本軍は、海岸線に殺到する米軍を充分に引きつけた上で集中砲火を開始。やがて白兵戦も始まり、海岸付近は壮絶な戦場と化した。しかし、日本側は無謀な「バンザイ突撃」などは行わず、戦線を地下陣地のある山岳部まで徐々に後退させていった。

海軍上等水兵としてこの戦いに参加していた土田喜代一《つちだきよかず》さんは、上陸戦初日のことをこう語る。

「その夜、壕の中で陸軍のとある兵士から棒地雷を渡されたのです。海軍の私は棒地雷というのをこの時に初めて見ましたが、陸軍には以前からあったようですね。ちょうど刀の鞘《さや》を少し大きくしたようなもので、先端に爆薬筒が付いています。この棒地雷を持ったまま『戦車のキャタピラに体もろとも突っ込め』という話でした。やがて『米軍のシャーマン戦車が接近中』との情報が入りました。すると中隊長が立ち上がって、声を張り上げたのです。『今から戦車攻撃、希望者三名、集まれ』と。その時、最初に伍長か何かがパッと『はい、私、行きます』と答えました。それから、二人目が続いて手を挙げた。私は棒地雷を持ったまま、迷いに迷いました。すると、私の隣にいた小寺亀三郎という整備兵が『小寺一等兵、参ります！　死ぬ時は潔く死ねと両親から言われました』とこう叫んだわけですよ。この小寺というのは『おテラさん、おテラさん』といつも周囲から馬鹿にされていた男なんです。おそらく実弾を撃った経験さえほとんどないんじゃないかと思う。そんな小寺が『参ります！』と言ったので、私は驚きました。私としては、小寺が自分の身代わりになったような、そんな気がしました。決死隊となった三人は『行って参ります』と敬礼してから、一列になって壕から出て行きました。三人が壕を出て二十分ほど過ぎた頃、物凄い爆音が響きました。無論、三人が壕に戻ることはありませんでした」

一方、歩兵第二連隊の軍曹だった永井敬司さんは、米軍との戦闘についてこう語る。

「兵器の差と言いますか、こちらは一発撃ったら隠れて、準備してまた撃つという単発ですが、向こうは自動小銃で一気にダダダッときますからね。こちらは真面目に狙って撃っているのに、米軍は戦場を力で制圧していくような戦い方でした。この違いは大きかったですね。敵の銃弾が固い珊瑚礁《さんごしょう》に当たると、白い粉がパッと舞うんですよ。私は下士官で帯刀していましたが、あんなもの何の役にも立たない。刀と飛び道具では相手になりませんよ。それで途中で刀を捨てて、米兵の死体から小銃をぶんどって、それを使いました。手榴弾も重くて、そんなに遠くまで飛ばせない。それでも無我夢中で戦いました。怖さですか？　そんな感情はもうなくなっていましたね。怖さなんて感じる暇もありませんでした」

永井さんが続ける。

「怪我を負った兵士が『ウーン』と唸《うな》りながら、戦友に『早く殺してくれ』と頼む。戦友は『わかった』ということで、軍刀で突き刺す。それはもうひどい状況でした。腕や足を吹っ飛ばされている兵士もいましたし、頭部がなくなっている死体もありました。『天皇陛下万歳』という絶叫も聞きましたね」

永井さんはその後の戦闘で、迫撃砲の破片が右大腿部《だいたいぶ》を貫通する重傷を負った。水や食糧も不足する中、それでも永井さんは懸命に戦い続けた。永井さんをそれだけの戦闘に駆り立てたものとは何だったのか。

「日本を護るためですよ。内地で暮らす家族や女性、子供を護るため。それ以外にあるはずがないじゃないですか。私たちは『太平洋の防波堤』となるつもりでした。そのために自分の命を投げ出そうと。そんな思いで懸命に戦ったのです」

対する米軍も必死だった。米軍は最新兵器である火炎放射器やナパーム弾を投入。着実に戦況を優位に進めていった。第一海兵師団第五連隊第三大隊に属する迫撃砲班の一員であったユージン・B・スレッジは、戦場の光景をこう記している。

〈敵の死体は倒れたそのままの場所で腐敗していった。歯茎を剝き出し、まるで笑っているように見える膨満した顔の遺体が、グロテスクにねじれた姿勢をとっていたるところに散乱している〉(『ペリリュー・沖縄戦記』)

日本軍は激しい消耗戦を強いられ、戦場は猖獗《しょうけつ》を極めた。このような激闘に対し、昭和天皇からは「お褒めのお言葉」である御嘉尚《ごかしょう》(御嘉賞)が十一度も贈られた。これは先の大戦を通じて異例のことである。

しかし、十一月二十四日、中川はついに集団司令部に向けて、

「サクラ、サクラ、サクラ」

と打電。それは部隊の玉砕《ぎょくさい》を告げる符号であった。「玉砕」とは中国の古語が起源で「玉のように美しく砕けること」。転じて「名誉や忠義を重んじて、潔く死ぬこと」「全滅」などを意味する言葉として用いられた。

その夜の内に、中川は自決。享年四十六。

同夜、残った将兵たちは最後の突撃を敢行。これをもって、ペリリュー島における日本軍の組織的な攻撃は終了した。

一兵士が見た惨劇

同時期、パラオ本島も米軍の激しい攻撃に晒されていた。パラオ本島にはペリリュー島のような米軍の上陸はなかったが、艦砲射撃や空襲が連日のように続いた。

第十四師団の歩兵第十五連隊に属していた尾池隆さんは、パラオ本島に駐留していた。米軍のペリリュー島上陸作戦が始まると、パラオ本島からペリリュー島へ応援部隊が派遣されるようになった。やがて尾池さんが属する中隊も、ペリリュー島へ向かうよう命じられた。

しかし、出港直前、尾池さんは船から降ろされてしまう。尾池さんが忘れえぬ過去を語る。

「実はその時、私は四〇℃以上の高熱を出してフラフラの状態だったのです。その様子に気づいた中隊長の桑原甚平中尉が『尾池はどうしたんだ？』と准尉に聞きました。准尉は『尾池は実は二、三日前から高熱を発して、この通りなんです』と答えました。するとそれを聞いた桑原中隊長が『よし、わかった。降ろせ。船から降ろして入院させい』と言いました。私を降ろしてから、船はペリリュー島に向かって出発しました。私は涙を流して『行ってこいよ』と見送りました。『俺は降ろされて、申し訳ねえことをしたなあ。俺はもう落伍者だ』と思いました。『俺は屑《くず》になっちゃったわい』と。それから、私は陸軍病院に入れられました。それで私は生き延びることができたのです」

結局、尾池さんの中隊が属していた第三艇隊は、ペリリュー島の手前において船艇の大半が浅瀬に乗り上げて座礁《ざしょう》。徒歩での上陸を余儀なくされた。しかし、米軍からの猛攻撃に晒された結果、ペリリュー島まで辿り着けたのは出発時の半数以下となる一〇〇名ほどだったとされる。尾池さんもそのまま出航していたら、どうなっていたであろうか。

尾池さんは退院後も、パラオ本島に残るかたちとなった。尾池さんたち残存兵は、空襲を避けるためジャングルの中に潜んだ。

ペリリュー島が陥落すると、パラオ本島周辺の制海権は完全に米軍に移行。輸送は絶望的な状況となった。尾池さんは当時の状況をこう伝える。

「とにかく食べ物がなかったので、動くものは何でも食べました。例えばトカゲやヘビ。火を燃しておいてトカゲを放り込むとパーンと跳ねるから、それをむしって食べる。ネズミの足を缶詰の上でジューッと焼いて、針のように細い骨までしゃぶっている人もいました。それから木の葉っぱを食べたりね。パラオ本島で亡くなった人たちというのは、戦死ではなくてほとんどが餓死です。骨と皮になって死んでいきました。帳面上は『戦病死』なんてなっているけれども、実際にはその多くは餓死なんです」

昭和二十（一九四五）年に入ると食糧事情はついに極限の状態に達した。

「ジャングルを開墾してサツマイモを植えました。でも、サツマイモが大きくなるのを待てない。それで葉っぱを食っちゃう。で、ようやくイモが大きくなったら、今度はそれをコソ泥の兵隊が夜に抜いてしまうんです」

そう語った尾池さんは、しばらくの静寂の後、

「これは本当は話したくないことだけれども」

と言い澱《よど》み、苦渋の表情を浮かべながら、ゆっくりと言葉を継いだ。それは一つの赤裸々な告白であった。

「監視兵がいて、コソ泥の兵隊に照明を照らす。『なぜ、そういうことをするか、貴様！』と。盗んだほうは『すまねえ、すまねえ』と謝るんだけど、ぶっ飛ばされてね。それからね、銃殺ですよ、銃殺。兵隊がサツマイモを盗んだだけで、殺されちゃうんです」

尾池さんの皺《しわ》の多い目元に涙が滲《にじ》む。

「食糧を持って無人島に逃げようとした兵隊なんて、首を斬られたんですよ、首を。本当ですよ。憲兵が行って、そいつを引きずり出してきて。頭を落とすわけだ。前に穴が掘ってあって、昔の切腹の時の介錯《かいしゃく》みたいに。私、実際に見ていますよ。首がコロッと落っこちちゃって。身体もそのまま、勢いで穴に転がり込んじゃう。そうすると懇《ねんご》ろに毛布を掛けてやって、土で埋めるわけです。えらいことをしたもんですよ」

終戦後も続いた戦い

話をペリリュー島に戻そう。

公刊戦史である戦史叢書《そうしょ》によれば、ペリリュー戦の戦死者数は米軍が一六八四名、日本軍は一万二二名。戦傷者の数は米軍が七一六〇名、日本軍が四四六名である。戦傷者数のこの差は、負傷した者を後方に搬送した米軍と、死ぬまで戦い続けた日本軍の違いによる。
米軍における戦死者と戦傷者の合計は八八四四名に及ぶが、資料によっては一万人を超える。ペリリュー戦は「米軍史上、最悪の戦い」とも称される。

しかし、実は中川の自決後もペリリュー島での戦闘は続いていた。日本軍のわずかな残存兵が、地下壕を駆使しながらゲリラ戦を展開したのである。その中には土田さんと永井さんの姿もあった。土田さんが言う。

「中川大佐が自決したとか、その時は何も知りませんしね。まだまだ戦いは終わっていないと信じていました。今聞くとおかしいと思われるかもしれませんが、その当時は『連合艦隊が必ず助けに来てくれる』と考えていました」

十一月下旬のある夜、土田さんは三原という兵長と共に井戸に水を汲《く》みに行った。その井戸水には少し塩分が混じっていたが、土田さんたちにとっては重要な水分補給地であった。

「ところが、その途中で敵のジープに見つかってしまいました。私たちはそれぞれ走って、草むらに飛び込みました。三原兵長は大木のあるほうに隠れていました。その夜は月夜でしたから、敵兵が自動小銃を持っているのが見えました。そのうちに、銃声が五秒間くらい『ババババーッ』と聞こえましてね。『三原兵長がやられているんだなあ』と思いました。その後、三原兵長の『ハア、水くれええ』という小さい声が聞こえました」

土田さんは運良く見つからずに済んだ。

その後、土田さんたちは昭和二十（一九四五）年八月十五日の終戦さえ知ることなく、島内での潜伏生活を継続した。土田さんは次のように語る。

「私たちは日本が敗れたことも知らず、ひたすら友軍の助けを待っているような状態でした。『米軍に見つかれば、必ず殺される』と固く信じていました」

土田さんが続ける。

「そんな中、『日本はもう負けている。アメリカに投降しよう』と主張する戦友がいましてね。しかし、その彼は結局、上官に射殺されてしまいました。本当にひどい話です」

彼らが状況を理解して投降したのは、終戦から一年半以上も経った昭和二十二（一九四七）年四月のことであった。

最終的な生存者の数は、わずか三十四名だった。

両陛下のご訪問の意味

平成二十七（二〇一五）年四月、天皇皇后両陛下（現・上皇上皇后両陛下）がパラオをご訪問された。この時、土田さんは九十代半ばという高齢であったが、ペリリュー島まで赴き、記念式典に参列した。

両陛下はペリリュー島の南端に位置する平和公園内の「西太平洋戦没者の碑」に白菊の花束を手向けて深々と拝礼された。その後、陛下は土田さんに対して、

「ご苦労さまでした」

と優しく声をかけられた。

一方、両陛下のご訪問をテレビで見つめていたという元歩兵第二連隊の永井さんはこう話す。

「あの島に両陛下が行かれたということは、まさに感動の極みであり、涙が自然と溢れ出ました。もうペリリュー島のことなど忘れ去られてしまったと思っていたのですが、違ったのですね。泉下《せんか》の戦友たちも、心から喜んだと思います」

永井さんは次のように語る。

「私は春の終わりの頃、桜が散る季節になると、どうにもたまらない気持ちになるんです。それは、玉砕の時の『サクラ、サクラ、サクラ』という言葉と、戦友たちが散っていった場面がどうしても重なって思い出されるから。私にとって春というのは、とても悲しい季節なんです」

＊

ペリリュー島で命を落とした約一万人の日本兵の内、二二〇〇柱《はしら》以上のご遺骨が未だ祖国に帰国できずにいる。暗い地下壕の中で、御霊《みたま》は今も故郷を夢見ている。

パラオには世襲制による伝統的な酋長《しゅうちょう》制度が残っているが、ペリリュー州の酋長であるイサオ・シゲオさんは、島内の遺骨収集に協力している。イサオさんは言う。

「戦争が終わって七十年も経ちました。ペリリューは美しい島。こんな島に戦争があったことを、日本人もアメリカ人もパラオ人も忘れてはいけません」

戦争の終わり

私も幾つかの地下壕の中に実際に潜ってみた。

かつて土田さんが籠もっていたという壕にも入った。ヘッドライトの明かりを頼りに、壕の内部を這うようにして進むと、錆《さ》びついた水筒や飯盒《はんごう》などが転がっているのが目に入った。入口付近の岩壁が黒く焼け焦げている地下壕も多かった。米軍が火炎放射器を使って壕内の日本兵を焼き殺した痕跡である。

中川が自決したとされる壕は、島中央部に広がる山岳地帯の奥深くにあった。

辿り着いたその地は、高い岩壁によって四方を取り囲まれた窪地のような場所であった。壕への入り口は、隣り合うようにして二ヶ所あった。一つは中川がいたとされる指揮壕で、

パラオの地下壕内に今も眠る日本兵の遺品

もう一つは通信壕だという。

指揮壕の内部は意外と狭い。元々はかなりの広さがあったらしいが、米軍の爆破によって大部分が埋没してしまったという。

壕の内部は奇妙な静寂に包まれていた。中川の墓の中にいるような不思議な感覚の中で、私は静かに手を合わせた。

*

パラオでの取材中のある夜、私は予期せぬ嬉しい再会に恵まれた。その夜、コロールの日本風居酒屋で夕食を摂っていた私は、一人の日本人老紳士が店に入ってくる姿を不意に認めたのである。それは両陛下との対面を終えた後の土田喜代一さんであった。

式典の際には緊張した面持ちを浮かべていた土田さんであったが、この夜は極めて平穏な表情だった。それはパラオに来る前に東京でお話をうかがった時と比べても、ずっと柔和で晴々とした面差《おもざ》しだった。両陛下のご訪問によって、土田さんがこれまで背負い続けてきた懊悩《おうのう》は、ついに祓《はら》われたのかもしれない。

笑みを浮かべながら食事をする土田さんを見て、私は一人の元兵士の戦争がようやく終わったのだと思った。

土田さんはそれから三年半後の平成三十（二〇一八）年十月十五日、肺癌のためにこの世を去った。享年九十八。

一方、元歩兵第二連隊の永井敬司さんも、その翌年の令和元（二〇一九）年十一月四日、S状結腸癌により逝去された。享年同じく九十八であった。

台湾の村を救った海軍兵士

飛虎将軍廟とは何か？

台湾の台南市郊外に、とある日本人を祀《まつ》った廟《びょう》がある。その廟の名を「飛虎将軍廟《ひこしょうぐんびょう》」と言う。台湾の人々にとって「廟を建てる」という行為は、最大の謝意を表すものだとされる。祭神として祀られているのは、杉浦茂峰《しげみね》という一人の海軍兵士である。日本でもほとんど知られていないこの人物が、なぜ祭神とされているのか。その内実を調べるため、私は台湾へと向かった。

杉浦は大正十二（一九二三）年十一月九日、茨城県水戸市にて生まれた。

杉浦が進んだのは海軍飛行予科練習生、通称「予科練」である。かねてより「航空機戦」の到来を予測していた日本海軍は、若くて質の高い搭乗員の育成のため、昭和五（一九三〇）年からこの教育制度を運用していた。

乙種飛行予科練習生（略称・乙飛）となった杉浦は、茨城県の霞ヶ浦海軍航空隊予科練習部で基礎訓練の課程へと入った。

搭乗員養成のための専門課程とはいえ、すぐに空に出られるわけではない。まずは軍事学といった座学や、体力向上のための体育の授業などが徹底して行われた。上官からの指導は常に厳しかったが、杉浦は忍耐強く自らの研鑽に努めた。

その後、杉浦は飛行練習生課程（飛練）へと順調に進んだ。すべての課程を修了した後、搭乗員として赴任した先が台湾であった。

＊

ペリリュー島を占領した米軍が、次の標的としたのがフィリピンであった。フィリピンの島々を手中に収めれば、日本の石油輸送を遮断することが可能となり、かつ沖縄方面への攻撃拠点にもなる。そもそもフィリピンを奪還することは、かつて日本軍によって同国を追われたダグラス・マッカーサー南西太平洋方面最高司令官の悲願であった。

米軍はフィリピン中部に位置するレイテ島への上陸作戦を策定したが、それに先立つかたちで周辺地域の制空権と制海権を確保するため、台湾に点在する日本軍の主な航空基地への攻撃計画を立案した。

一九四四（昭和十九）年十月五日、太平洋艦隊司令長官であるチェスター・ニミッツは、第三艦隊司令長官のウィリアム・ハルゼーに対し、

「台湾の軍事施設と港湾施設へ恒久的損傷を与えよ」

と命じた。

十月十二日、空母機動部隊の一つである第三艦隊が、台湾各地への大規模な空襲を開始。いわゆる「台湾沖航空戦」の戦端が開かれた。米軍が台湾戦線に投入した航空機の総数は、実に一四〇〇機近くにも及んだ。

このような作戦が展開される中で、台南市の上空にも多数の米軍機が姿を現した。同日午前七時十九分のことである。

日本軍はすぐに迎撃の態勢を整えた。

当時、兵曹長となっていた二十歳の杉浦は、素早く零戦《ゼロせん》に乗り込んだ。

いわゆる「零戦」とは俗称であり、正式名称は「零《れい》式艦上戦闘機」である。「零」は開発された紀元二六〇〇（昭和十五〔一九四〇〕）年の末尾から採られた。設計者は三菱の主任設計技師であった堀越二郎である。

零戦はその誕生時、毎時五〇〇キロを超える最高時速や、約三五〇〇キロという航続距離、優れた旋回性能などにおいて世界最高峰の性能を誇った。

しかし、米軍の開発力は凄まじく、グラマンＦ６ＦやＦ４Ｕといった新鋭機が戦場に現れると、零戦は次第に苦戦を強いられるようになる。グラマンＦ６Ｆは、実に零戦の約二倍もの出力に相当する二〇〇〇馬力級のエンジンを搭載していた。

杉浦の乗り込んだ機体は「二号零戦」と呼ばれた零戦三十二型である。同機は初期型よりもエンジン出力などが改良された機体で、昭和十七（一九四二）年の秋頃から実戦に投入されていた。

杉浦の乗った零戦三十二型は、勢い良く滑走路から発進した。

米軍機は約四十機、それに対する日本軍の機体は、杉浦機を含めて三十機ほどであった。

この空中戦を実際に地上から見ていたという一人の老婦人にお話をうかがった。当時、十六歳だったという呉成受さんはこう語る。

「その日、私は朝早くから友人たちと一緒に近くの畑に出ていました。鳥を追い払う仕事の手伝いです。ところが、間もなく激しい空中戦が始まりました。とても驚きました。とにかく凄い銃声だったことを覚えています」

日本の戦闘機群はその機敏性を活かしながらよく戦ったが、戦況は徐々に米軍の優位へと傾いていった。

杉浦茂峰の最期

日米両軍による激しい空中戦が続く中、ついに杉浦の乗った零戦三十二型も被弾。尾翼の辺りを損傷し、やがて黒煙を噴き始めた。

機体は次第に高度を失っていく。その落下していく先には、海尾寮という村があった。機体は村に向かってまっすぐに落ちて行った。

この時、その光景を見ていた当地の人々は、

（村が大変なことになる）

と思った。村に戦闘機が墜落すれば死傷者が出たり、大規模な火災が発生するかもしれない。当時のこの村の家々は、竹を使用した家屋が大半を占めていた。

杉浦の視界にも、村の存在が風防越しに映ったであろう。

杉浦は狭い操縦席で何を思ったか。

しかし、程なくして村人たちから感嘆の声が上がった。なぜなら、落下する戦闘機の軌道が明らかに変化したためである。

なんとか機首を持ち上げ、体勢を立て直した零戦三十二型は、そのまま村の東側を通過して、郊外の畑地の方角へと蛇行しながら飛び去って行った。

最悪の事態はこうして回避された。村人たちは口々に安堵《あんど》の言葉を漏らしたという。

その後、零戦から落下傘が飛び出した。抜け殻となった零戦三十二型は、間もなく空中で爆発した。

危機一髪で脱出に成功した杉浦であった。

しかし、彼のすぐ背後にはグラマンＦ６Ｆが肉薄していた。猛烈な機銃掃射が彼を襲う。

その結果、落下傘は破られ、杉浦の身体は速度を緩めることなく、そのまま地面に向かって落下していった。

その一部始終を仰ぎ見ていた呉成受さんは、友人たちと共に操縦士が落下したと思われる地点へと走った。

「養殖池の近くでした。彼の身体は、仰向けになって倒れていました。両手両足を広げて、まるで漢字の〈大〉の字のような姿でした」

呉成受さんは私の手のひらに何度も「大」という漢字を指で書き示してくれた。

杉浦の最期を目撃した呉成受さん

操縦士に息がないのは一目瞭然だったという。彼が履いていた飛行靴には、「杉浦」という文字が記されていた。

三十分ほど経つと日本軍の兵士たちが姿を現し、遺体を引き取っていった。

この日、以上のような光景を目の当たりにした海尾寮の人々は、

「機体が村に直撃するのを避けようとして、あの搭乗員は逃げ遅れた」

「本当なら彼はもっと早く落下傘で逃げられた。それをしなかったのは、村を守るためだった」

などと口を揃えた。

午前七時に流れる「君が代」

杉浦は戦死後、海軍少尉に昇進となった。

昭和二十(一九四五)年八月十五日、日本は敗戦。日本は台湾の領有権を失った。

杉浦の亡くなった地から程近い四坪ほどの場所に小さな祠《ほこら》が設けられたのは、一九七一(昭和四十六)年のことである。戦争から長い月日が流れても、海尾寮の住民たちは杉浦への感謝の気持ちを忘れていなかった。

時には外省人《がいしょうじん》(在台中国人)から、

「何故、日本の軍人の祠など建てたのだ」

「すぐに取り壊せ」

といった声も寄せられた。それでも住民たちはその祠を守り続けた。それどころか、

「祠をより大きくしたい」

という声が次第に広がっていったのである。結果、祠は「廟」として拡充されることになった。造営の際には、地元住民たちから多くの寄付金が集まった。

敷地はおよそ五十坪にまで広がった。この拡張計画によって建立《こんりゅう》されたのが、現在まで続

く廟ということになる。

*

街の中心部から五キロほど北西へ向かった「大安街」という人通りの多い街角の一角に、飛虎将軍廟は立っていた。「飛虎」は「戦闘機」、「将軍」は「兵士」の尊称だという。

「村を救った日本兵」こと杉浦茂峰を祀る台湾の「飛虎将軍廟」

　戦時中には畑が広がるのどかな地域だったというが、今ではその面影はない。

　廟の本堂は派手な朱色の瓦葺《かわらぶ》きで、龍の装飾が勇ましい印象を与える。廟内の床や壁には大理石が使用され、祭壇の両脇には日本と中華民国の旗が向かい合うようにして飾られていた。

　祭神として、杉浦を模した三体の像が鎮座している。高さ三十センチほどの中心の一体が本尊となる神像で、左右の二体は分身としての像だという。神像はいずれも軍服姿で、色鮮やかな輪袈裟《わげさ》のようなものを羽織っている。

杉浦の最期を目撃したという前述の呉成受さんも、この廟に多くの寄付を行っているという。呉成受さんはこう語る。

「村を救ってもらったのだから、感謝の気持ちを表すのは当然のことです。私の息子も、机や椅子などを廟に寄贈しています」

また、飛虎将軍廟の管理団体で主任委員を務める呉進池さんはこう話す。

「早朝の五時頃に、門を開けて掃除をします。そして、午前七時に『君が代』、午後四時には『海行かば』などの日本の軍歌を流しています」

海行かば　水漬《みづ》く屍《かばね》
山行かば　草生《む》す屍
大君《おおきみ》の　辺《へ》にこそ死なめ
かへりみはせじ

私の取材中にも、鎮魂の調べが耳に届いた。

神像の里帰り

廟の近隣に位置する安慶小学校では、杉浦にまつわる話を郷土教育の一環として授業の題材に取り入れている。校長である黄俊傑さんが「他人を思いやる気持ちを児童たちに学んでほしい」との思いから始めたのだという。

学校側は飛虎将軍廟と協力しながら、杉浦の功績をまとめた冊子を作成。さらには歌や演劇までつくって授業に活かしているという。このような活動に関し、呉進池さんはこう語る。

「学校は人間としての道徳を教えるべき場所です。それが文化を生み出します。単に勉強だけしていても駄目なのです。『他人をどうやって助ければ良いか』といった大切な事柄を、小さい頃からしっかりと教えていく姿勢が重要です。おかげさまで生徒たちも非常に大きな関心を示してくれています」

呉進池さんが丁寧に言葉を重ねる。

「しかし、とにかく日本の方々に来てほしいというのが、私たちの最大の願いですね。飛虎将軍の話は日本ではほとんど知られていないと聞いていますが、なぜ日本人が関心を持たないのか不思議でなりません。彼の生き方は、素晴らしい教材になるはずなのに」

＊

平成二十八（二〇一六）年九月二十一日、飛虎将軍廟の神像が杉浦の故郷である茨城県水戸市に一時的に「里帰り」することになった。廟内の祭壇から持ち出された神像は、高雄《たかお》空港を出発する航空機の座席に丁重に配された。

航空機は無事に成田空港に到着。その後、神像は水戸市まで運ばれ、翌二十二日には茨城県護国神社で慰霊祭が執り行われた。この里帰りに同行していた呉進池さんはこう語った。

「いつも厳粛な表情の飛虎将軍が、今日は微笑んでいるようです」

第四章

特攻隊

神風特別攻撃隊

「カミカゼ」の呼称で世界的にも知られる「神風《しんぷう》特別攻撃隊」の発祥地は、実は日本国内ではなくフィリピンである。

その誕生時、同隊は「敷島隊《しきしま》」「大和隊」「朝日隊」「山桜隊《やまざくら》」という四つの部隊から編成されていた。これは本居宣長《もとおりのりなが》の「敷島の大和心を人問《ひと》わば朝日に匂う山桜花《やまざくらばな》」という和歌に由来する。

敷島隊員・谷暢夫

その中の敷島隊の隊員であった谷暢夫《のんぷ》は、大正十三（一九二四）年六月二十一日、岐阜県揖斐《いび》郡で生まれた。暢夫の四つ年下の実弟である英夫《えいふ》さんは、亡き兄についてこう語る。

「何事にも夢中になる性格でした。物事をくよくよ考えず、前向きに捉えることのできる人でした」

谷は総じて明るい性格であったという。父親は西本願寺系の僧侶であったが、昭和十（一九三五）年、京都府の中舞鶴町《なかまいづるちょう》（現・舞鶴市）にあった明教寺《みょうきょうじ》という寺の住職となったため、一家揃って転居した。

少年時代の谷の趣味は、模型飛行機づくりであった。英夫さんが言う。

「寺の本堂の脇に子供部屋があったのですが、そこが兄の『仕事部屋』で、よく模型飛行機をつくって遊んでいました。ハンダで畳をしょっちゅう焦がすので、母に随分と叱られていました」

そんな谷は中学卒業後、難関試験を突破して甲種飛行予科練習生（略称・甲飛）へと進んだ。昭和十七（一九四二）年四月一日、谷は「甲飛十期生」として、土浦《つちうら》海軍航空隊の隊門をくぐった。

同隊の訓練は「地獄の土浦」と言われるほど厳しいものであった。谷はそんな訓練課程を無事に終えた後、北海道の千歳《ちとせ》航空隊を経て、四国の徳島航空隊へと転属。その後、愛媛県の松山基地にある第二六三航空隊に配属されることになった。

太平洋での戦況が悪化する中、やがて谷にも外地へ向かう時がやってきた。赴任先はマリアナ諸島のグアム島であった。

出発前、母の一枝《かずえ》が松山を訪れて、息子と面会を果たした。一枝は持参した白いマフラーを息子に手渡した。

二人にとって、これが今生《こんじょう》の別れとなった。

谷から貰ったタバコ

谷に任された軍務は、グアム島空域の哨戒《しょうかい》活動などであった。

その後、同隊は新たに編成された第二〇一航空隊に吸収された。第二〇一航空隊の主たる任務はフィリピンの防衛である。谷はフィリピンのセブ島に移動した。

さらにセブ島からルソン島に転出することになったが、この時、谷と同じ航空機に乗ったという河辺（旧姓・中野）勇さんはこう語る。

「私は整備兵でしたが、谷さんとはずっと第二〇一航空隊で一緒でした。谷さんの操縦する軍用機でセブ島からルソン島のクラーク・フィールドまで飛んだんです」

クラーク・フィールドは元々、米軍が開設した空軍基地で、マニラから北西八十キロほどの場所に位置した。昭和十七（一九四二）年に日本軍がその地を占領して以降は、主にマバラカット飛行場という名称で運用されていた。河辺さんが谷との思い出を語る。

「いつだったか、谷さんからこんな話を聞きました。『敵襲に遭った際には、無闇《むやみ》に逃げてはいかん、動いちゃいかん』と。谷さんは搭乗員としての経験から『動いている人間や自動車は上空からよく見える』ということを教えてくれたのです。だから機銃掃射の際には『その場に寝ろ』と言うんですね。『もし岩や石などが近くにあれば、そこに頭を隠して、飛行機から見て平行の角度になるようにして身体を寝かせろ』と教えてくれました」

河辺さんが当時を懐かしむ。

「谷さんはそういうことをわざわざ私たち整備兵にまで教えてくれるような、そんな心の優しい方でした」

その後、河辺さんは内地への帰還命令を受領。昭和十九（一九四四）年十月十九日の出発の際、河辺さんは谷から餞別《せんべつ》として軍用タバコの「ほまれ」を貰《もら》ったという。

特攻命令

第一航空艦隊司令長官である大西瀧治郎《たきじろう》中将がマバラカット飛行場を訪れ、「体当たり攻撃」の実施を幹部たちに求めたのは、河辺さんが内地に向かったのと同じ十月十九日のことであった。

大西は当初、特攻作戦に反対の態度を示していた。しかし、戦局の悪化に伴い、大西はその思想を転じた。もしフィリピンが落ちれば、米軍は一気に日本本土に邁進《まいしん》できるようになる。そのような事態を回避するため、日本軍はレイテ島の近海で一大決戦を挑む作戦を策定した。その支援のために特攻を用いようというのである。大西は幹部たちを前にして、

「皆も承知の通りで、今度の捷号《しょうごう》作戦に失敗すれば由々《ゆゆ》しき大事を招くことになる。零戦に二五〇キロ爆弾を抱かせて、体当たりをやる他に確実な攻撃法はないと思う。どんなもんだ

ろう」

と切り出したという。「捷号作戦」とは米軍の来攻に対して各方面の戦力を結集して決戦するという方針を定めたもので、フィリピン戦線は「捷一号作戦」と命名されていた。「捷」は「戦いに勝つ」という意味である。

同夜、甲飛十期生に「総員集合」が命じられた。甲飛十期生たちは、谷を含めて三十名ほどであった。

薄暗い従兵室の中で、第二〇一航空隊副長の玉井浅一《あさいち》中佐が、「体当たり攻撃」の実施を訓示した。爆装した零戦の「体当たり」によって敵空母の飛行甲板を破壊すれば、敵の圧倒的な航空戦力を無力化することができる。この決戦に勝利し、日本本土を防衛するにはこの道しかない。そのような主旨が告げられた。玉井が大声を張り上げた。

「いいか！　貴様たちは突っ込んでくれるか！」

しばらくの間、静寂の時間が室内に流れた。そんな様子を見た玉井が畳み掛けた。

「行くのか！　行かんのか！」

甲飛十期生たちの手が徐々に挙がり始めた。異様な緊迫感が続く中で、結果的には全員が挙手した。

こうして甲飛十期生たちは「全員志願」となったのである。その中には当然、谷の姿もあった。

この作戦は、すぐ翌日の二十日から開始される予定であるという。

作戦は複数回に及ぶことも示されたが、第一陣の隊員については「翌朝に発表する」とのみ伝えられ、その夜は解散となった。

出撃と帰還

十月二十日の朝、予定通り特攻作戦に関する編成が通告された。「谷暢夫」の名前は「敷島隊」の中にあった。敷島隊は四名の編成で、隊長は関行男《ゆきお》大尉であった。

関は大正十（一九二一）年八月二十九日、愛媛県新居《にい》郡大町村《おおまちむら》（現・西条《さいじょう》市）の生まれ。すでに妻帯していた関は、特攻に関してこう語ったという。

「日本もおしまいだよ。僕のような優秀なパイロットを殺すなんて。僕なら体当たりせずとも、敵空母の飛行甲板に五十番（著者注・五〇〇キロ爆弾）を命中させる自信がある。僕は天皇陛下のためとか、日本帝国のためとかで行くんじゃない。最愛のKA（著者注・海軍の隠語で妻のこと）のために行くんだ。命令とあらば止むを得まい。日本が敗けたらKAがアメ公に強姦されるかもしれない。僕は彼女を護るために死ぬんだ」

一方、独身の谷が最後まで気にかけていたのは両親のことであった。谷は遺書に次のように綴《つづ》った。

〈何一つ親孝行できなかった私も最初で最後の親孝行をします。ご両親の長命を切に祈ります〉

午後三時過ぎ、出撃を待つ隊員たちのもとに大西中将が姿を現した。大西と特攻隊員たちは、飛行場の脇を流れるバンバン川の河原で別れの水盃《みずさかずき》を交わした。

しかし、その日は天候が悪化したため、決行を断念。出撃は翌日に延期となった。大和隊のみ、セブ島の基地に移動した。

二十一日、敷島隊と朝日隊に改めて出撃命令が下った。隊員たちは各々の愛機に乗り込んで、離陸の準備を整えた。

ところが、谷の乗った零戦に異変が起こった。エンジンの出力が思うように上がらない。

結局、彼の零戦だけは発進することができなかった。操縦席で彼は何を思っていたであろう。

しかし、出撃した特攻機も敵の機動部隊を発見することができず、やむなく反転。近隣のレガスピ飛行場に帰還した。

その後も、天候不良によって出撃と帰還を繰り返す日々が続いた。

＊

二十五日の朝、敷島隊は実に四度目となる出撃。敷島隊は一名増員され、計五名となっていた。修理を終えた谷の搭乗機も出撃を果たした。

栗田健男《たけお》中将率いる第一遊撃部隊、通称「栗田艦隊」は、レイテ湾への突入を目指していた。敷島隊は特攻によって敵空母の飛行甲板を破壊することを改めて命じられた。

これまで索敵《さくてき》に失敗し続けた同隊であったが、この日はついに敵の機動部隊を発見。五機の零戦は命令通り、特攻の実行へと移行した。体当たり攻撃を理解した米軍側の動揺は、極めて深刻なものであったという。

結果、敷島隊は護衛空母の一隻を撃沈、二隻を中小破するという未曾有《みぞう》の戦果をあげた。谷の乗った零戦がどの艦船に突入したのかについては、それを伝える記録がない。

特攻の戦果に関する報告を受けた大西は、

「これで何とかなる」

と洩《も》らしたという。

ただし、そんな敷島隊の献身があったにもかかわらず、栗田艦隊のレイテ湾への突入は成功しなかった。

敷島隊の特攻については、国内でも大きく報道された。谷家の人々は新聞の紙面によってその事実を知った。近所の人々が次々に境内《けいだい》に集まり、騒然となった。

五人は「軍神」として敬慕の対象となった。

敷島隊の期待以上とも言える戦果は、軍中央の目にとまった。この望外の実績が、その後の特攻作戦を肥大化させていく要因となる。堀越二郎が設計した世界的な名機は、体当たりの道具と化した。

特攻隊員の遺書

富澤幸光《ゆきみつ》は北海道檜山《ひやま》郡江差町《えさしちょう》の出身。北海道第二師範学校を卒業した後、海軍第十三期飛行科予備学生となった。その後、富澤は神風特別攻撃隊第十九金剛《こんごう》隊に配属された。

昭和二十（一九四五）年一月六日、二十三歳の富澤はフィリピン戦線にて特攻死。そんな彼が絶筆として故郷の両親に送った手紙には、次のように綴られている。

〈お父上様、お母上様、益々御達者でお暮しのことと存じます。幸光は闘魂いよいよ元気旺《おう》盛《せい》でまた出撃します。お正月も来ました。幸光は靖國で二十四歳を迎える事にしました。靖國神社の餅は大きいですからね。（略）

父様、母様は日本一の父様母様であることを信じます。お正月になったら軍服の前に沢山《たくさん》御馳走をあげて下さい。雑煮《ぞうに》餅が一番好きです。ストーブを囲んで幸光の想い出話をするのも間近でしょう。靖國神社ではまた甲板士官でもして大いに張切る心算です。母上様、幸光の戦死の報を知っても決して泣いてはなりません。靖國で待っています。きっと来て下さるでしょうね。本日恩賜《おんし》のお酒を戴き感激の極みです。敵がすぐ前に来ました。私がやらなければ父様母様が死んでしまう。否日本国が大変な事になる。幸光は誰にも負けずきっとやります。

ニッコリ笑った顔の写真は父様とそっくりですね。母上様の写真は幸光の背中に背負っています。母様も幸光と共に御奉公だよ。何時でも側にいるよ、と云って下さっています。母さん心強い限りです〉

＊

重信隆丸《しげのぶたかまる》は香川県三豊《みとよ》郡の出身。龍谷大学文学部哲学科を卒業した後、海軍飛行予備学生（第十四期）となった。その後、詫間《たくま》海軍航空隊に配属され、神風特別攻撃隊琴平水心《ことひらすいしん》隊の一員に選出された。

昭和二十（一九四五）年五月二十七日、翌日に特攻を控えた重信は、小型九四式水上偵察機に乗って、故郷の村まで飛行。実家の上空を旋回して一本の信号筒を落としていった。

その中には、両親をはじめ家族の一人ひとりに宛てた遺書が入っていた。妹に宛てた手紙には、次のように記されていた。

〈全く意地悪ばかりして申訳けない兄だったね。許してくれ。が、いよいよ明日は晴れの肉弾行だ。意地悪してむくれられたのは、今から思えばみんな懐しい思い出だ。お前も楽しかった思い出として笑ってくれ〉

兄は妹に対し、こう語りかける。

〈およそ人生とはだね、エッヘン！　大きなあるものによって動かされているのだ。小さな私たちの考えも及ばない大きな力を持つあるものなのだ〉

翌二十八日、「菊水《きくすい》八号作戦」が発動され、琴平水心隊も出撃。重信も南西諸島方面にて帰らぬ人となった。享年二十三。

兄の遺品

昭和二十（一九四五）年八月十五日、日本は敗戦。翌十六日、大西中将は官舎にて割腹自決を遂げた。腹を十字に切ったものの、なかなか死に切れず、軍医らが駆け付ける事態となったが、大西は、

「生きるようにはしてくれるな」

との言葉を発したという。

未曾有の敗戦を境に日本社会は大きく変貌した。特攻隊に対する世間の目も一変した。

「軍神」は「戦争協力者」と改められ、その死は「狂信的」「犬死に」と評されるようになった。

谷の弟である英夫さんは、戦後になって寺を継いだ。英夫さんは兄の生涯をこんな風に考えている。

「特攻自体については『こんなに非人間的な作戦は他にない』と思っています。しかし、兄はそんな時代の中で、それなりに自分で自分を納得させながら、精一杯、生き抜いたのではないでしょうか。生への執着を拭《ぬぐ》うことは難しいことですが、しかし、兄の心の中には満足もあったのだと私は信じています」

英夫さんは本堂の入り口の辺りを指し示しながら、最後にこんな話を教えてくれた。

「そこにケヤキの柱があるでしょう？　その柱のあちこちに空気銃の弾の跡が十ヶ所くらい残っています。これは子供の頃、兄と一緒に遊んだ跡なんです。この柱を見るたびに兄を思い出します。私にとってはこの跡こそが、一番の懐かしい兄の遺品なんです」

英夫さんはそう言った後、言葉を詰まらせた。

＊

甲飛十期生に特攻を命じた玉井中佐は戦後、仏門に入り、愛媛県松山市の瑞応寺《ずいおうじ》の住職として特攻隊員たちの冥福《めいふく》を祈る日々を送った。冷水を浴びる水行《すいぎょう》を一日も欠かさなかったという。

昭和三十九（一九六四）年十二月十日、玉井は水行の後に心臓発作を起こして逝去。享年六十一である。

フィリピン人の証言

特攻隊発祥の地となったフィリピンのマバラカット飛行場の跡地には、慰霊のための記念碑が建立《こんりゅう》されている。この碑を建てたフィリピン人のダニエル・H・ディソンさんは、自宅の一室を「カミカゼ・ミュージアム」として開放している。一九三〇年生まれのディソンさんは、戦時中の思い出をこう話す。

「初めは日本軍と言えば恐怖の対象でした。と言うのも、この街にいた中国人が『日本軍は残虐だ』という話を繰り返し吹聴《ふいちょう》していたからです。しかし、実際にやってきた日本兵たちは、立派な戦士たちでした。特に私たち子供に対して、優しく接してくれたことを覚えています。そんな良き思い出が、このミュージアムをつくったきっかけなのです」

戦時中、ディソンさんは友達と一緒によく日本軍の駐屯地へと赴いた。トラックから積荷を下ろす作業を手伝って、餅や芋などを貰ったこともある。

フィリピンで「カミカゼ・ミュージアム」を営むダニエル・H・ディソンさん

　特に仲良くなった「ヤマカワ」という中尉は、ディソンさんのことを、

「自分の小さな弟によく似ている」

と言って可愛がってくれたという。

「ヤマカワさんとはよく手を繋いで一緒に散歩をしました。私もヤマカワさんのことを兄のように感じていました」

　当時、絵を描くことが好きだったディソンさんは、日本兵たちをモデルにしてデッサンをした。できあがった絵を日本兵たちに渡すと、とても喜ばれたという。ディソンさんはこう語る。

「そんな日本兵たちが戦争末期、『体当たり攻撃』を断行していたことを、私は戦後になってから知りました。そして、深い畏敬《いけい》の念を覚えたのです」

　カミカゼ・ミュージアムには、飛行服や鉢巻きなど、日本兵の遺留品が数多く陳列されている。壁には敷島隊の五人の肖像画が掲げられているが、これはディソンさん自ら筆をとったものだ。戦時中、日本兵の姿を絵に描いていた少年は戦後、画家として成功した。そんなディソンさんが、敷島隊員たちの写真を入手した上で描いたのがこの五枚の肖像画であるという。

無論、谷の姿もその中にあった。

絵の中の谷の首元には、白いマフラーが巻かれていた。

母との別れの際、手渡されたものであろう。

人間魚雷「回天」

海の特攻兵器

特攻と言えば総じて「零戦」が想起されるであろうが、実は「海の特攻」も様々なかたちで存在した。その中の一つが人間魚雷「回天《かいてん》」である。

回天は超大型魚雷「九三式三型魚雷」に操縦席を取り付けた構造となっていた。搭乗員は一人。母艦の潜水艦に搭載されたまま攻撃対象まで接近し、そこから発進した後は搭乗者の操縦によって海中を進んで特攻するという特殊兵器である。

全長は十四・七メートル、直径はわずか一メートル。脱出装置はない。

そんな回天の搭乗員だった塚本太郎は、慶應義塾大学の出身。在学中は水球部に所属し、ゴールキーパーとして活躍した。

昭和十九（一九四四）年十一月十九日、回天の訓練基地から一時帰宅した塚本は、遺言として自らの肉声をレコードに録音した。その「声の手紙」は現在、靖國神社の遊就館《ゆうしゅうかん》で聴くことができる。

〈父よ、母よ、弟よ、妹よ。そして永い間、育んでくれた町よ、学校よ、さようなら。本当にありがとう。こんな我儘《わがまま》な者を、よくもまあ本当にありがとう。僕はもっともっと、いつまでも皆と一緒に楽しく暮らしたいんだ。愉快に勉強し、皆にうんと御恩返しをしなければならないんだ。春は春風が都の空におどり、皆と川辺に遊んだっけ。夏は氏神様のお祭りだ。神楽囃子《かぐらばやし》があふれている。昔は懐かしいよ。（略）しかし、僕はこんなにも幸福な家族の一員である前に、日本人であることを忘れてはならないと思うんだ。（略）我ら今ぞ征《ゆ》かん。南の海に。北の島に。全てを投げ打って戦わん。大東亜の天地が呼んでいる。十億の民が希望の瞳で招いている。皆、さようなら。元気で征きます〉

そんな塚本と唯一無二の戦友であった小俣嘉男《おまたよしお》さんはこう語る。

「塚本というのは実に凄い男でしたよ。ああいう日本人がいたということを、今の人たちにもぜひ知ってほしいと思っています。しかし、あんな立派な男の運命を『私の一言』が大きく変えてしまうなんて。今でも忘れられない記憶です」

学徒出陣

小俣さんは大正十（一九二一）年八月二十九日、東京都杉並区の出身。東京府立第一中学校（現・東京都立日比谷高等学校）から慶應義塾大学の予科へと進んだ。大学の予科とは現在の教養課程に相当し、本科（学部）に進学する前段階としての予備教育を行う機関である。

昭和十八（一九四三）年十月一日、理工系や教員養成系を除く文科系学生の徴集延期が廃止された。いわゆる「学徒出陣」である。小俣さんもその対象者の一人となった。

十月二十一日、明治神宮外苑競技場で「出陣学徒壮行会」が挙行された。壮行会に参加した出陣学徒の数は約四万人。競技場に集まった学生たちの出身校は計七十七校にのぼる。スタンドは出陣学徒を送る数万もの人々で埋め尽くされた。冷たい秋雨《あきさめ》が降りしきる中、競技場を行進する出陣学徒たちの姿は、今もあの戦争を象徴する一つの光景として語り継がれる。

そんな分列行進の中に、小俣さんの姿もあった。小俣さんはこう言って苦笑する。

「雨の中、鉄砲を担いで行進しました。不真面目な友人たちの中には、『こんな雨の中、ご苦労なことだ』とサボッて麻雀をやっていた連中もいたのですが、私は真面目に参加したわけです」

臨席した東條英機《とうじょうひでき》首相からは、

「諸君が悠久の大義に生きる唯一の道なのである」

との訓辞がなされた。これに対し、出陣学徒の代表として東京帝国大学の江橋慎四郎《えばししんしろう》が、

「生等《せいら》、今や見敵必殺《けんてきひっさつ》の銃剣をひっ提《さ》げ、積年忍苦《せきねんにんく》の精進研鑽《しょうじんけんさん》を挙げて、ことごとくこの光栄ある重任に捧げ、挺身《ていしん》もって頑敵《がんてき》を撃滅せん。生等、もとより生還を期せず」

などと答辞を述べた。この場面について小俣さんはこう語る。

「東條さんの話は正直、覚えていません。しかし、東大生の答辞があまりにも『もっともら

しい内容』だったので、『何故?』と感じたことは記憶に残っています。『自分たちは学問を途中で捨てて行くんだ』という心境を少しくらい言ってもいいではないか。そう思ったんです」

塚本太郎との出会い

昭和十八(一九四三)年十二月、小俣さんは海軍の横須賀第二海兵団(後の武山《たけやま》海兵団)に入団。翌年の二月には、兵科予備学生(第四期)の採用試験に合格した。兵科予備学生はその後、次なる専門教育を学ぶため、それぞれの軍学校などへと進む。

七月、小俣さんが配属されたのは、長崎県川棚町《かわたなちょう》にある魚雷艇訓練所であった。魚雷艇とは、魚雷を主装備とした小型の高速戦闘艇である。小俣さんは約三〇〇名の同期生たちと共に、大村湾に面して立つこの訓練所に入所した。

操縦の訓練は、最初は小さな船から始まり、それから上陸用舟艇である大発(大発動艇)、そして魚雷艇へと段階的に移行した。

操縦に慣れると、魚雷の発射訓練が始まった。同時に、座学では気象学や暗号解読について学んだ。

そんな訓練所での生活の中で仲良くなったのが塚本であった。二人は隣接する二段ベッドの上段同士という「お隣さん」だった。同じ慶大の出身だったこともあり、二人はすぐに懇意となった。

マリアナ諸島では、すでにサイパン島が陥落。消灯前の巡検が終わると、訓練生たちは戦況について、

「もう駄目だろう」

などと話し合った。すると塚本は、

「そんな気持ちだから駄目になるんだ。後に続く俺たちは劣勢を跳ね返す気力を持たねばいけないんだよ」

などと主張し、周囲を鼓舞するのだった。

運命の一言

ある日、幹部からの命令によって三〇〇名の総員が集められた。末次信義《すえつぐしんぎ》少佐が淡々とした口調で次のような内容の話をした。

「特殊兵器の要員を一〇〇名募集する。これは決して強制ではない。各自一人ひとりよく考えて、『熱望』『望』『否』のいずれかを選んで出せ」

小俣さんは次のように述懐する。

「『特攻』という言葉は出ませんでしたが、それに類する要員だということは充分に見当が

付きました」

あくまでも魚雷艇に乗りたかった小俣さんは、『熱望』ではなく『望』を選んで申告した。

後日、一〇〇名がその要員に選ばれたが、その中に小俣さんの名前はなかった。小俣さんはこう振り返る。

「夏に微熱が続いた時期があったんです。それで軍医が『肋膜炎《ろくまくえん》だ。水を抜く』というので、三度も脇腹から注射されました。でも、水なんか出なかったんです。誤診ですよね。微熱もじきに引きました。しかし、『肋膜炎』と診断された経歴が、選抜の結果に関係したのかもしれません。私は次男ですし、それがなければ選ばれていたと思います」

長男は選抜から外されるという話であった。

では塚本はどうだったのであろうか。

「塚本も漏れていました。普段の言動から、塚本はきっと『熱望』と出したと思うんですがね。しかし、彼は長男なんですよ。それで選ばれなかったのでしょう」

ところが、その晩のことである。小俣さんが寝ていると、

「福田教官がお呼びです」

と従兵から声をかけられた。小俣さんは急いで着替え、教官室に赴いた。小俣さんは教官の福田中尉から一枚の半紙を見せられた。

それは、塚本の血書であった。選抜への志願書である。福田が言う。

「塚本学生がこれを持って願い出てきた。小俣学生はこれをどう考えるか」

小俣さんは驚いた。塚本の国を憂う心情については理解していたつもりだったが、ここまでとは知らなかった。しばし沈黙の時間が流れたが、やがて小俣さんは直立不動のままこう答えた。

「本人がこれほどまでに熱望するのであれば、本人の希望を叶えさせるのが本当ではないでしょうか」

再び無言の時間が流れた。やがて、福田が吹っ切れたように言った。

「わかった。よし帰れ」

「帰ります」

小俣さんは退室して、自分の寝床へと戻った。すぐ隣で眠っている塚本の寝顔が見えた。小俣さんは着替えてそのまま床に就いた。

翌朝も、小俣さんは塚本に何も言わなかった。

塚本が教官に呼び出されたのは、朝食後のことであった。

こうして、塚本は選抜要員に新たに加えられたのである。

数日後、選抜要員は山口県の大津島《おおづしま》へ向かうことになった。この別れに際し、小俣さんと塚本は、お互いの写真を交換。さらに小俣さんは塚本に頼んで一筆、書いてもらった。塚本が綴った言葉は「果断積極」だった。

徳山湾に浮かぶ大津島には、人間魚雷「回天」の基地が極秘に設けられていた。結局、選抜された一〇〇名は、回天もしくは特殊潜航艇「甲標的《こうひょうてき》」の搭乗員へと回された。

特殊潜航艇とは、海中で敵艦に接近して魚雷を発射するという小型潜水艦である。回天のような特攻兵器ではないが、実戦となれば生還の期し難い兵器であった。この特殊潜航艇に搭乗経験のある原田清さんはこう語る。

「私は海軍潜水学校の柳井《やない》分校という所に在籍し、瀬戸内海の海中で特殊潜航艇の搭乗訓練をしていました。元々は二人乗りだったのですが、私たちの時には改良されて四人乗りになっていました。暗くて、狭くてね。ちっちゃなちっちゃな操縦桿《かん》を持ってね。今、思い出してもゾッとします」

＊

塚本が任されたのは、回天の搭乗員であった。

訓練は教官との同乗訓練から始まり、それに慣れると単独での搭乗へと移行する。母艦である潜水艦からの出撃や、海中での方向転換、味方の艦船を模擬の標的とした突入訓練などが繰り返された。

潜水艦から出撃した回天の特攻方法は、以下の通りである。特攻前、搭乗員はまず潜望鏡を利用して、標的となる敵艦の位置や速力などを確認。これを元に敵艦の針路を割り出し、射角を決定する。同時に、命中までに要する時間を計算。その後、潜望鏡を下ろし、時計の秒針で時間を計測しながら突入を開始する。もし予測時間を過ぎても命中しなかった場合、改めて同様の手順を繰り返す。

それでも命中できずに航続力が尽きた場合は、自爆か自沈することになっていた。すなわち、一度出撃したら帰還はできない。

そんな回天の操縦には、極めて高度な技術が求められた。故障も多く、訓練中には事故が多発した。戦線に出ることすらできず命を落とした者たちの無念は計り知れない。

塚本はそんな過酷な訓練の中、着実に技術を向上させていった。

冒頭で紹介したレコードの肉声は、この大津島から一時帰宅した際に録音されたものである。

思わぬ再会

十二月二十五日、小俣さんは晴れて海軍少尉を拝命。その後、同期生たちは各地の基地へと赴任したが、小俣さんは川棚に残って教官を務めることになった。

昭和二十（一九四五）年一月のある日、小俣さんは魚雷艇に乗り込み、広島県の呉まで行くよう命じられた。

大村湾を出て二日目、瀬戸内海に入って江田島《えだじま》へと向かったが、徳山沖の辺りまできた時に隊長から、

「所用があるから大津島へ向けろ」

と言われた。

大津島に上陸後、小俣さんは隊長に随伴して本部に向かって歩いていた。坂道を上っていると、向こうから下ってくる者がある。

それが、あの塚本であった。予期せぬ再会を二人は心から喜んだ。そして、塚本はこう告げたのである。

「俺はあさって出撃するよ」

脇に隊長を待たせていたこともあり、それで二人は別れた。この短い再会が永遠の別れとなった。

その後の三月二十五日、川棚の基地で新聞を読んでいた小俣さんは、一つの記事を目にして思わず息を呑んだ。それは西カロリン諸島を攻撃した金剛隊という回天の部隊に関する記

事であった。その記述によれば、遡《さかのぼ》ること一月二十一日、伊四十八潜水艦から発進した複数の回天が、ウルシー環礁《かんしょう》の敵艦船泊地に特攻を敢行したという。

その金剛隊の戦没者の中に「塚本太郎」の名前があった。

（塚本、やったか）

小俣さんは名状し難い不思議な興奮に包まれながら、心中でそう呟《つぶや》いた。それと同時にあの晩、教官に呼ばれた際に自分がもし違う返答をしたならば、このような結末にはならなかったことを思った。

（塚本の御両親に申し訳ない）

深刻な苦渋が、小俣さんを襲った。

回天の結末

回天搭乗員であった佐野元は、特攻前に次のような遺書を綴った。

〈人生、いつ、いかなる境遇になるか分からない。やはり飛行機を見れば、未練が残る。しかし、今更そういうことでは駄目だ。我らの任務は、回天兵器に乗るものであり、今の情勢を挽回するのが、我らの責務であり義務なのだ。そのことはむつかしく、為し難い。生命を賭してのことだ。恐れてはならない。現在の境遇を悲しむべからず。それよりも今の自分の

責務を完全に果すべく、我らは死も生も、愛も悲しみも喜びも忘れて、空虚の中に確信あるべきのみ〉

この文をしたためた時、彼は未だ十八歳。昭和二十（一九四五）年八月十二日、佐野は回天で出撃し、沖縄近海にて戦死した。

日本が敗戦を迎えたのは、それからわずか三日後のことである。

回天は終戦までに計四二〇機が生産され、延べ一〇〇名以上の搭乗員が戦死したとされる。

＊

最後に小俣さんの戦後について、わずかばかり付記しておきたい。

復員して東京に戻った小俣さんは、慶大に復学。学徒出陣で絶たれた学業への思いを改めて貫くことにした。卒業後は紡績会社に就職した。

その後の昭和三十五（一九六〇）年頃のことである。小俣さんはとあるテレビ番組を自宅で何気なく観ていた。それは戦争に関するドキュメンタリー番組だった。

その番組に、息子を回天で亡くしたという母親が出演していた。その出演者の姓は「塚本」といった。東京の田端《たばた》にあったという彼女の家は空襲で焼失したが、焼け跡に銭湯を開業し、戦死した息子の名前を付けて営業しているという話だった。

その銭湯の名前が「太郎湯」

（まさか）

小俣さんはすぐに電話帳で調べ、次の休日に田端へと向かった。

間違いなかった。塚本の母親に挨拶し、仏前に線香を手向けた。

小俣さんは塚本に関する記憶をすべて伝えた。あの晩、自分が教官に話したことについても包み隠さず話した。

「本当に申し訳ないことをしました」

そう詫《わ》びる小俣さんに対し、塚本の母はこう言った。

「太郎はそういう子供でした。だから私の子供であっても、お国のため、私の子供ではないような気がしておりました。そういう御心配なく」

小俣さんはこの言葉に救われる思いだったという。

水上特攻兵器「震洋」

特攻用モーターボート

「海の特攻」の中には「震洋《しんよう》」という名の水上特攻兵器も存在した。ベニヤ製の小型モーターボートの艦首に二五〇キロ爆弾を搭載し、搭乗員もろとも敵艦に突撃するという特殊兵器である。

ベニヤの厚さはわずか約七ミリ。戦時中、このような兵器が六〇〇〇隻以上も建造されたという。

震洋の元搭乗員である村上孝道さんにお話をうかがった。村上さんは静岡県静岡市に建つ瑞雲寺《ずいうんじ》の前住職である。

村上さんは大正十五（一九二六）年九月十一日、愛知県名古屋市で生まれた。六人兄弟の末っ子だった村上さんの将来の夢は「飛行機の操縦士」だった。

「父親の弟が海軍で飛行機に乗っていましてね。名古屋市から近い新舞子《しんまいこ》という場所で、水上飛行機の操縦などをしていたんです。私はよくそこに遊びに行っていました」

当時、知多《ちた》半島の新舞子海岸には、大規模な水上飛行場があった。

村上さんは夢を叶えるため、海軍飛行予科練習生（予科練）を志願。試験に合格し、三重海軍航空隊奈良分遣隊に配属された。甲種飛行予科練習生の第十三期である。

深刻な搭乗員不足に悩んでいた海軍は、この甲飛第十三期から定員を拡大。その数は前後期合わせると二万人以上にも及んだ。この拡大を受けて新たに設けられたのが、三重海軍航空隊奈良分遣隊であった。

予科練生は「若鷲《わかわし》」と呼ばれた。西条八十《さいじょうやそ》が作詞した「若鷲の歌」は、予科練生たちの心の支えであった。

若い血潮の　予科練の
七つボタンは　桜に錨《いかり》
今日も飛ぶ飛ぶ　霞ヶ浦にゃ
でっかい希望の　雲が湧く

しかし、実際の訓練の内容は、村上さんの期待を裏切るものであった。零戦に乗りたかった村上さんだったが、飛行訓練は一向に行われず、座学の他は体力づくりを目的とした課程が大半を占めた。練習用の機体や燃料さえ足りない状況だったのである。

昭和十九（一九四四）年十月のある日、村上さんを含む隊員たちは、講堂に集められた。

将校の一人が言った。

「新兵器ができた。志願する者はないか」

その将校は、

「生還は期し難い」

とも告げた。しかし、具体的にどのような兵器かという説明は一切なかった。村上さんはこの時の心境を次のように振り返る。

「当時はドイツでロケット関連の技術が進化していた頃だったので、私は『ロケットを使った飛行機』のようなものを想像しました」

村上さんは志願する旨を示した願書を提出した。

「長男や一人っ子が志願の対象から外されていたので、通常の軍務ではないということはすぐにわかりました。戦況が非常に悪いということは上官からも聞いていましたし、私も正直に言えば日本が勝てるとは思っていませんでした。しかし、少しでも戦況を挽回し、条件の良い講和ができるようにと考えていました。そのために、その新兵器で戦おうと」

村上さんの言葉に力が籠もる。

「とにかく、家族を護りたいという一心でしたね」

志願者たちは奈良から汽車で移動することになった。客車の窓には固く鎧戸《よろいど》が下ろされており、行き先もわからないままの移動であった。

若鷲と青蛙

夕方に出発した列車が丸一日かけて着いた場所は、長崎県の川棚町だった。駅から兵舎まで歩き、その日はそのまま夜を迎えた。川棚の魚雷艇訓練所には前述の小俣嘉男さんがいたはずだが、お二人に面識の記憶はないという。

翌朝、村上さんを含む新入りの隊員たちは、兵舎近くの桟橋に小さな木製ボートが何艘も繋留《けいりゅう》されている光景を目の当たりにした。

(何じゃこのボートは？　まさかこれに乗るんじゃないだろうな)

そう思った村上さんだったが、その不安は的中した。上官から、これが自分たちの乗る新兵器だと説明された。

「こんなもん乗れるか」

村上さんは思わず、海軍に入って初めてとなる愚痴をこぼした。しかし、と上官は言う。

「今の日本には、こんなものしかないんだ」

上官も忸怩《じくじ》たる様子であったという。これが震洋との出合いであった。

昭和十九（一九四四）年四月から開発が始まった震洋は、五月二十七日の海軍記念日に試作艇が完成。八月末には新兵器として正式に採用された。生産費が安価で、工期も短くて済む震洋は、すぐに量産体制へと入った。

村上さんの「零戦で空を飛びたい」という夢はこうして潰《つい》えたのである。

*

震洋の船体は喫水線《きっすいせん》の上が深緑、下は赤色のペンキで塗装されていた。その外観から付いた呼び名は「青蛙《あおがえる》」。大空を舞う若鷲に憧れた若者たちは、青蛙の背中にしがみ付くことになった。

すぐに操舵訓練が始まった。無論、訓練の際には爆薬は装塡《そうてん》されていない。敵に見立てた船に突進し、寸前で急反転する。夜間の運用を想定して、訓練は夕食後の深夜まで行われた。

特攻については、敵船に肉薄したら舵輪《だりん》（ハンドル）を専用の器具で固定し、海に飛び込むよう指示された。

「しかし」

と村上さんは言う。

「それはあくまでも訓練中の建前です。実戦になったら『一緒に突っ込め』ということでしたし、それは私たちも充分に理解していました」

訓練中には殉職者も出た。潮の満ち引きの関係で、昨日は通れた場所でも次の日には暗礁《あんしょう》になっている海域がある。高速のまま暗礁に激突した者は、無念にもそのまま息絶えた。

廈門への進出

昭和二十（一九四五）年二月、村上さんは第一一三震洋隊の一員として、中国の廈門《アモイ》に派遣されることになった。台湾海峡に面する廈門は、昭和十三（一九三八）年に日本海軍が占領し、その後は「廈門特別市」となっていた。

同月二十四日、村上さんたちを乗せた貨物船「正島丸《まさしままる》」は、福岡県の門司《もじ》港を出航。台湾の高雄《たかお》を経由して、三月上旬に廈門港に入港した。

上陸後はすぐに実戦配備となったが、震洋の発着基地は完成しておらず、昼間は設営作業を手伝った。横穴を掘って掩体壕《えんたいごう》を設け、そこに震洋を隠した。

村上さんは五型と呼ばれる二人乗りの震洋艇の搭乗員となった。五型は一人乗りの一型と比べてエンジンの出力が強化された他、機銃とロケット式散弾を備え、船体も一回り大きくなっていた。

「一人が操縦に専念し、もう一人が交戦を担当するわけです」

従来の一型は、敵艦船からの攻撃によって接近することすらできない事例が目立っていた。

そこで少しでも交戦できるようにと前述の改良が施されたのである。

その間も、沖縄防衛戦に投入された震洋隊は苦戦を続けていた。空襲による被害や、エンジントラブルといった故障、さらには敵艦船の捕捉の失敗などが重なり、特攻を敢行するところまでも至らない局面が相次いだ。期待したような戦果を震洋隊が挙げられない中で、戦艦「大和」も海上特攻したが、沖縄は陥落した。

震洋への搭乗を免れた兵士

そんな震洋の搭乗員を、寸前のところで免れた人もいる。

児玉孝正さんは大正十三（一九二四）年一月二十三日、東京の品川区の生まれ。慶應の幼稚舎から普通部に進学し、慶應義塾大学の予科へと進んだ。

昭和十九（一九四四）年、児玉さんは海軍予備学生に志願。広島の大竹海兵団で訓練を受けた後、遼東半島の旅順《りょじゅん》方面特別根拠地隊に赴任した。

昭和二十（一九四五）年、児玉さんに一つの命令が下った。それは「特別攻撃隊を命ず」という内容であった。告げられた赴任先は長崎県の川棚町だった。児玉さんが言う。

「川棚にいたことのある教官から、震洋について聞きました。私は二人乗りの震洋に乗るということでした。その時の気持ちですか？『もうしようがない』といったところですね。

『生きて帰れない』という命の覚悟は、海軍に入った時にすでにできていますし」

児玉さんは大連港から輸送船に乗った。しかし、深夜に出航して一時間ほど経った頃、船内に謎の轟音《ごうおん》が鳴り響いた。船が機雷に接触したのである。やがて船体が少しずつ傾き始めた。

「あの辺りの海はとても冷たく、二十分も海中にいたら身体は冷え切って死んでしまいます。ですから、安易に船から海に飛び込んではいけない。いくら傾斜がきつくなっても、『もう駄目だ』という沈没寸前まで船にいないといけないんです。しかし、どんどん傾斜していく過程で、いつ沈没するかなんてわかりませんからね。そのギリギリの見極めが大変です」

児玉さんが続ける。

「運が良いことに、その船は傾斜しつつもまだ舵《かじ》が生きていたのでしょう、意図的に座礁《ざしょう》させることに成功しました。浅い所までなんとか移動させて、わざと座礁させてしまえば、沈没は免れることができます。そうしたほうが人命は助かるわけです。その内に、海防艦が救助に来てくれました。私はそれに乗り移り、助かったんです」

海防艦が着いた先は、山口県の仙崎港《せんざきこう》だった。

その後、川棚町が大規模な空襲に見舞われたことから、計画は変更。児玉さんが代わりに向かったのは、神奈川県の横須賀だった。横須賀海軍砲術学校に入ることになったのである。

こうして児玉さんは、震洋の搭乗員になる道を免れたのだった。

「軍隊は運隊」という表現があるが、軍人の禍福《かふく》は転々として予測が付かない。まさに「塞《さい》翁《おう》が馬《うま》」である。

零戦への思い

昭和二十（一九四五）年八月、アメリカは日本に対して二発の原子爆弾を投下。日本が震洋などの特攻兵器の開発に勤しんでいた頃、アメリカは最優先の国家戦略として原子爆弾の製造を進捗《しんちょく》させていたのだった。

同月十一日、廈門にいる村上さんたち第一一三震洋隊にも、ついに「身の回りの整理をせよ」との指示が下された。

「とうとう来たなという感じですね。最初からそういうつもりでこの地まで来ていますから、そんなに動揺はありませんでした」

村上さんはこの時、十八歳である。

震洋の安全装置が解除された。隊員たちの軍装は、震洋の搭乗員となってからもずっと正規の飛行服のままであった。

「せめて飛行兵として死なせてやりたいという配慮だったのかもしれません」

しかし、攻撃の対象となるような敵の艦船を発見することはできなかった。結局、第一一三震洋隊は特攻することなく終戦を迎えた。

隊員たちには武装解除後、待機が命じられた。しかし、「特攻兵は全員、殺される」という噂が広まった結果、台湾に脱出しようと震洋で出て行った者たちもいた。しかし、小さなベニヤボートで台湾海峡を渡れるはずもなく、彼らはあえなく消息を絶った。

待機中に命の尽きた者もいた。村上さんの同期生の一人は肺結核で入院していたが、昭和二十（一九四五）年の年末に病床で帰らぬ人となった。二人乗りの震洋艇でペアを組んだこともある親友だった。

村上さんたちが日本に向かって廈門を発ったのは、昭和二十一（一九四六）年の二月であった。

しかし、日本に向かう途中の船内でも、一人の戦友が息を引き取った。腸結核を患っていた彼は、乗船して間もなく体調が悪化し、皆に看取られながら亡くなった。遺体は沖縄近くの海域で水葬に付した。

船は鹿児島の港に入港。村上さんは列車を乗り継いで、故郷の名古屋へと向かった。名古屋の街も空襲によって焦土と化していたが、家族は幸いにして無事だった。

復員した村上さんは、その後に仏門へと身を投じた。

「特攻要員だったのに、生き残ってしまったという負い目が強かった。なんとか少しでも仲間たちの供養ができればという思いでした」

瑞雲寺の本堂の片隅には、全長三メートルほどもある木製の零戦の模型が置かれている。村上さんが自ら製作したものだという。

「震洋ではないんですね？」

私の質問に対し、村上さんはこう答える。

「私を含め、予科練に集まった戦友たちは皆、零戦に憧れて志願したのです。ですから、ここに零戦があれば、亡くなった仲間たちの御霊《みたま》が集まって来てくれるのではないか。彼らとまた逢えるのではないか。そんな思いから、この零戦をつくりました」

そう語った老翁は、零戦の主翼を慈《いつく》しむようにして撫でた。

＊

人間機雷「伏龍」

極秘の特攻部隊

特殊な潜水服に身を包んだ隊員たちは、暗い海底でひたすら敵の船艇が接近して来るのを待つ。彼らは炸薬《さくやく》の付いた「棒機雷」を手に持っている。これで敵の船艇の船底を下から突き上げることが、彼らに託された軍務である。当然、この攻撃を実行に移せば、その兵士の肉体は四散する。言わば「人間機雷」

海軍の中でも極秘中の極秘の扱いだった「伏龍隊《ふくりゅうたい》」の実態は、未だあまり知られていない。「幻の特攻部隊」とも称される。

＊

伏龍隊の元隊員である片山惣次郎さんは昭和三（一九二八）年十一月二十五日、長野県の吾妻村《あずまむら》（現・南木曽町《なぎそまち》）で生まれた。父親は大工だったが、副業として養蚕《ようさん》や農業を営んでいた。

片山さんは岐阜県の中津商業学校に進学したが、昭和十九（一九四四）年の春から学徒動員となり、各務原《かかみがはら》にあった川崎航空機工業の工場で働くことになった。その後、片山さんは海軍飛行予科練習生（予科練）に志願した。

「すでに予科練に入っていた先輩が、学校に来たことがありましてね。その時、金ピカの『七つボタン』が、随分と格好良く見えました」

予科練の制服には、桜と錨《いかり》の描かれたボタンが七つ付いていた。この「七つボタン」は前述の「若鷲の歌」の歌詞の中にも見られるように、予科練生のシンボルとして多くの若者の憧憬《どうけい》を集めた。

同年九月、試験に合格した片山さんは、甲種飛行予科練習生（第十五期）として、土浦海軍航空隊に入隊。家を出る際、父親は、

「男だでな」

と、ぼそりと口にしたという。母親は部屋の隅で涙を拭《ふ》いていた。村の人たちは、軍歌を唄って盛大に送り出してくれた。

こうして始まった憧れの予科練での生活だったが、そこでの訓練は過酷なものだった。毎日のように教官からビンタされたが、革のスリッパで側頭部を殴られたこともある。その後遺症で、左耳は今も遠い。

モールス信号も学んだが、一字でも間違えると「バッター」と呼ばれる木製の棒で尻の辺りを叩かれた。「軍人精神注入棒」「精神棒」「入魂棒」などとも称されたこのバッターは、当時の海軍内で多用された。それでも片山さんは辛抱と努力を重ね、十二月に海軍上等飛行

兵となった。

昭和二十（一九四五）年六月十日には、基地が米軍の空襲に見舞われた。片山さんは幸運にも無事だったが、一人の戦友の身体は腹部が割け、腸が飛び出していた。腸の連なりは不気味に青く輝いて見えた。その戦友は日頃から真面目で実直、思いやりのある男だった。彼は程なくして、

「頼むぞ」

と言って絶命した。

この空襲によって、八人の戦友が亡くなった。

伏龍隊の実態

特攻隊への志願者が募られたのは、この空襲後のことである。

上官は「特攻隊としての任務」と告げたが、「飛行機には乗れない」「海でやる」というような曖昧《あいまい》な表現が多く、詳細はわからなかった。皆、不審に思いつつも手を挙げた。片山さんはこの時、まだ十六歳であった。

結局、約二〇〇人の同期生の内、特攻要員として一〇〇人の名前が発表された。片山さんは七人兄弟の長男だったが、その中に含まれていた。総じて特攻隊には長男が選ばれること

は少なかったが、伏龍隊の場合は例外であった。

選ばれなかった者たちは、その不満を露わにした。彼らは血書をつくって直談判した。しかし、担当の上官は、

「そんなに道具がない」

と答えたという。

この「道具」という言葉が何を意味していたのか。片山さんたちはまだ知る由《よし》もなかった。

すなわち、この単語が指し示していたのは「潜水具」だったのである。

七月、片山さんたちは神奈川県横須賀市の久里浜《くりはま》にある海軍対潜学校に移動。二週間ほど同校で過ごした後、その隣にあった工作学校へとさらに移った。

そんなある日、ついに片山さんたちに、

「潜水服を着るぞ」

という命令が告げられた。自分たちの部隊が「伏龍隊」という名前だということも判明した。

「正式に『こういう作戦だ』と発表されたというよりも、日々の訓練の中で少しずつ内容がわかってきたという感じだったと思います」

いよいよ潜水訓練が始まった。上官からは「米軍の本土上陸に備えるための極秘の訓練」

と伝えられた。「戦車を積んだ敵の船が東京湾に上陸することを水際で阻止する」ことが伏龍隊の軍務だという話だった。

「首都である東京に米軍の戦車が入ることを、上層部は最も恐れていました。日本軍の武器では、米軍戦車の厚い装甲を破れないということが明らかになっていましたからね。一度、上陸を許してしまったら、もう迎撃は不可能です。ですから、戦車の上陸をとにかく阻止しようということでした」

そんな伏龍隊の装備について、片山さんは次のように説明する。

「鉄仮面のようなものを頭に被って、下は潜水服。鉄仮面と潜水服は首の辺りで繋ぎ、四本のナットでガチャンと締めます。背中にはボンベが三本。酸素が入っているのが二本で、一本は空気を浄化するための『空気清浄缶』です」

「かぶと」と呼ばれるヘルメットの内部は、鼻と口の間に境目が設けられていた。言わば、上層と下層の二層構造である。上層部は酸素ボンベと繋がっており、右の腰部に備えられた給気弁をひねると、後頭部にある空気孔から酸素が供給される仕組みとなっていた。

ヘルメットの下層部分は、潜水服の内側全体と、背中の空気清浄缶に接続していた。苛性《かせい》ソーダが入ったブリキ製の空気清浄缶は、炭酸ガスを吸収して汚れた空気を浄化する効果が期待された。

つまり、呼吸は基本的に鼻から吸い、口から吐かなければならない。この動作を確実に身に付けることが、伏龍隊の隊員にとって最も重要な課題となった。この呼吸法を間違えると、炭酸ガス中毒に陥って失神したり、最悪の場合には命を落とす危険性もあった。

隊員たちは普段から、この呼吸法を繰り返し練習した。片山さんはこう話す。

「無意識にでもこの呼吸法ができるよう、四六時中、練習していました」

教官からは、

「飯を食う時、眠っている時以外は、常にこの呼吸法をしろ」

と言われたという。

潜水訓練の際には四~五人くらいで一班となり、小さな工作船に乗って野比《のび》海岸から沖へと出た。

あらかじめ決められた海域に着くと、一人が完全装備して海中に入る。潜水服の腰の部分には麻縄《あさなわ》が結ばれており、船上と繋がっていた。この縄は命綱であると同時に交信用でもあった。「モールス信号」の要領で縄を引き、船上と海中で交信するのである。

多発する事故

両足には「わらじ」と呼ばれる鉛製の潜水靴を履いた。これは身体を沈めるための「錘《おもり》」

の役割も果たした。

さらに背中のボンベとのバランスを取るため、腹部にも錘が付けられていた。ボンベなどを含めた総重量は、実に約七十キロにも達した。

それでも、海の中に入ると強力な浮力が生じた。身体が浮いてしまう時には、右耳の辺りに備えられた排気弁を使用する。吐いた息は潜水服内部へと流れ込む構造だが、その空気を排気弁から抜くのである。

「排気弁の突起を手でポンポンと押すか、または頭を小刻みに素早く振ると、空気がプップッと泡になって外に排出される仕組みです。そうやって潜水服内の空気の量を調節して、海底を歩けるようバランスを取るのです」

海底に着いたら、麻縄を引いて船上の隊員に合図を送る。「海底到着」は長く一度、短く二度、引く。つまり「ツー・トン・トン」のリズムである。

船上からも縄を使って命令が送られてくる。「前へ行け」「右へ行け」「左へ行け」「浮上」「停止」などの合図である。一回の潜水時間は、三十分ほどだったという。

「空気量の調節や、船上との交信など、やることはいろいろとありました。結構、忙しいんです。潜っている間は目の前の作業を一つずつ『無心』でやるだけ。潜水中は『国を護ろう』という気持ちも『つらい』『嫌だ』といった感情も消えてしまう。ただただ『無心』でした」

片山さんが続ける。

「しかし、作業や交信に気を取られていると、鼻から吸って口から吐くという呼吸の基本動作を忘れてしまう。ある時、私もそれで失敗し、呼吸を乱して意識を失ってしまったことがありました」

麻縄による交信が途切れたことに気が付いた船上の戦友たちの手により、片山さんの身体は海中から引き上げられた。意識を失っていた片山さんだが、じきに自分の名前を叫ぶ戦友たちの声を感じた。重たい瞼《まぶた》を開けると、戦友たちの顔が目の前にあった。その瞬間、強烈な息苦しさを感じた。

片山さんは九死に一生を得た。戦友の一人がこう言った。

「片山もついにやったな」

呼吸法の間違いによる事故は、各班で毎日のように起きていたという。

その他にも、ハンダ付けの甘さなどに由来するヘルメットの漏水や、空気清浄缶の破損による事故などが発生した。空気清浄缶が損傷して苛性ソーダが海水と化学反応を起こすと、一気に高温となって沸騰する。これを誤って吸引すれば、気道などに重大な火傷を引き起こし、死に至ることもあった。そんな事態に備えて酢が用意されていたが、その効果を信じる隊員は一人もいなかったという。『海軍水雷史』には、次のように記述されている。
〈なお当時の関係者たちの言によれば毎日一〜二名は遭難者を出していた由である〉

棒機雷の威力

やがて棒機雷を使用するための演習も始まった。模擬の棒機雷を使って、船底を突き上げる訓練である。第三章のペリリュー島の項で土田喜代一《つちだきよかず》さんが証言した通り、陸軍では「棒地雷」を手にして敵の戦車に突撃する作戦がすでに用いられていたが、その「海軍版」と言えるであろう。

＊

同じく伏龍隊の隊員であった門奈鷹一郎《もんなたかいちろう》は、ある日、棒機雷に関して次のような噂を耳にしたという。

「棒機雷が一発爆発すると、水中五十メートル以内の者は全滅する」

それを聞いた時の心境を、門奈は戦後にこう綴っている。

〈私はこの噂を耳にして以来、これから自分が行おうとしていることが急に恐ろしくなった。俺は特攻隊員だから、自分の撃雷攻撃で敵と刺し違えて爆死するのは当然のこととして、気持ちの上では覚悟していたつもりだ。しかし、他人の攻撃で水圧死したり、自分の撃雷が誘爆したりして死ぬことまでは、計算に入っていなかった。これではまったくの犬死ではないか！〉（『海軍伏龍特攻隊』）

伏龍隊は他の隊員と充分な間隔を確保して水中に潜ることになっていたが、海流もある中で実際の激しい戦闘となれば、果たしてそのような距離を保ちながら特攻などできるものだろうか。隊員たちはそんな自問を抱えながら、目の前の訓練に追われた。

隊員たちの心中にあったもの

伏龍隊がそんな秘密訓練を重ねていた折、戦争は終わった。

結局、伏龍隊が実戦に投入されることはなかった。伏龍隊は訓練のみで、その役目を終えたのである。

片山さんは伏龍隊という存在について、こう言葉を連ねる。

「無謀。無鉄砲。もがき。思いつき。その場しのぎ」

自嘲にも似た気配を漂わせながら、切実な言葉が継がれる。

「飛行機がない。弾がない。残っていたのは人だけ。切羽詰まって、もうあの知恵、あの作戦しかなかったのかもしれません。全く愚かな話ですよ」

片山さんが続ける。

「今から思えば『子供だまし』のような作戦ですがね。しかし、やっていた本人たちは、ただただ一途《いちず》。本当に一途でしたね。今の人たちには笑われてしまうかもしれませんが」

軍の作戦自体には辛辣《しんらつ》な片山さんだが、当時の隊員たちの心境については次のように表現する。

「必死なもの。崇高なもの。隊員たちの心中には、そんなものもあったでしょうか。戦争そのものは悪い。当然のことです。しかし、あの潜水服を着て、実際に海に潜った人たちは皆、『利他行《りたぎょう》』でやっていたんですよ」

「利他行」とは、大乗仏教の言葉で「他人に対する善きはからい」「己の救済よりも、他者を助ける行い」といった意味である。

＊

片山さんは翌九月になって帰郷できることになったが、

（生き延びてしまった）

という後ろめたい気持ちでいっぱいだった。肩を落とし、人目を避けるようにして故郷の吾妻村へと向かった。

予科練に入隊する時には盛大に送り出してくれた地元の人たちも、復員時には冷たかった。誰も「ご苦労さん」とさえ言ってくれなかった。敗戦の惨《みじ》めさをつくづく感じた。片山さんの背嚢《はいのう》の中には、かつて憧れた「七つボタン」の制服が音もなく仕舞われていた。

しかし、家族だけは帰宅を喜んでくれた。父親は、

「良かったなあ。お帰り。ご苦労さん」

と言ってくれた。その言葉を聞いた片山さんは、思わず咽《むせ》び泣いたという。

第五章　空襲と終戦

東京大空襲

とある箱根駅伝ランナーの回想

百東武雄《ひゃくそくたけお》さんは大正十一（一九二二）年五月二十一日、関東州の大連《だいれん》にて生まれた。遼東《りょうとう》半島の南端に位置する大連は、日露戦争の結果、ロシアから日本へと租借権が譲渡された地である。以来、日本はこの街の開発に積極的に取り組み、アジア有数の貿易都市にまで発展させた。

そんな大連で生まれ育った百東さんは、七人兄弟の四男だった。山形県出身の父親は、満鉄（南満洲鉄道株式会社）に勤務していた。当時の大連について、百東さんはこう語る。

「とても近代的な街でしたよ。『日本橋』という橋がありましてね。現在では『勝利橋』と呼ばれていますが、その橋の周辺に多くの日本人が暮らしていました」

街の中心部には映画館やアイススケート場などがあり、多くの人々で賑《にぎ》わっていたという。

余談になるが、第三章で紹介したユダヤ人のクララ・シュバルツベルグさんは、この時期に大連で暮らし、大連駅で「ヒグチ・ビザ」によって救出されたユダヤ難民の集団を目撃している。クララさんと百東さんが大連の街ですれ違っていたかもしれないと思うと、人の世というのは様々な縦糸と横糸によって織り込まれていることがわかる。

百束さんは昭和十六（一九四一）年に東京農業大学の予科に進学。住み慣れた大連の地を離れ、日本へと渡った。

少年時代から走ることが得意だった百束さんは、陸上競技部に入部。昭和十八（一九四三）年に行われた第二十二回箱根駅伝では山登りの五区を任され、区間七位の成績を残した。

「現在では違いますけれども、当時の農大のユニフォームは『ニワトリのマーク』で有名でした。それで、沿道の子供たちが『ニワトリのチームだ』と喜ぶわけです。『ひよこ、ひよこ』『コッコ、コッコ』なんて言って、随分と応援してくれましたね」

百束さんの人生が大きく転じたのは、この大会後である。百束さんは学徒出陣によって、山形県の北部第十八部隊の歩兵砲中隊に入営した。

「約二ヶ月間にわたる山形での生活でした。はじめは『満洲育ち』ということで、随分と周囲から珍しがられました。ストーブを焚《た》くのは一番うまかったですね。石炭を燃すダルマストーブです。下士官から『さすが満洲育ちは違うな』なんて褒められましたよ」

軍隊内での私的制裁などは、あまりなかったという。

「私は殴られた経験はそんなに多くありません。部隊長命令で『ビンタ禁止』というのが出ていましたから、その影響だったと思います。ただ、『よく殴られる奴』というか『殴られ役』になっていた者がいたのは事実です。ヘマが多い新兵などは、どうしても上官に睨《にら》まれてしまいます。それで、スリッパで叩かれたりとか、そういうことはありましたね」

百束さんが扱うことになった歩兵砲とは、歩兵科が独自に運用する火砲の一種である。

「歩兵砲中隊にある連隊砲は明治四十一年製の『四一式山砲』でしたが、これを五人で引っ張る。柔道経験者なんかは力が強いですが、陸上あがりの私などは身体は小さいし、なかなか大変でしたね。しかし、陸軍は何かとよく走らされますから、そんな時には『模範兵』でしたよ」

上残飯と下残飯

東農大出身の百束さんには、次のような軍務が予定されていたという。

「私は南方の現地自活要員でした。南方の戦線で畑仕事の他、牛、豚、ニワトリなどを飼ったりする際の指導員になる予定でした」

百束さんが部隊の内状について振り返る。

「すでに食糧が不足していました。酒保《しゅほ》にもろくに食べ物がないんですから」

酒保とは、駐屯地内で日用品や軽食などを安く購入できる売店のことである。

「それで兵隊たちは残飯に手を出すんですけど、残飯には『上《じょう》残飯』と『下《げ》残飯』がありましてね。『上残飯』は洗い場に持って行く前の食器に残った残飯、『下残飯』は食器を洗った後の残飯です。この『下残飯』を食う奴もいたんですから、ひどいものですよ」

昭和十八（一九四三）年の年末、百束さんは胸膜《きょうまく》を患い、あと一日でも熱が下がらなかったら山形陸軍病院に回されることになった。そうなれば、兵役が免除になる可能性もあった。

しかし、幸か不幸か百束さんの熱はその晩に下がった。

「まあ、それでも当時は愛国心に燃えていましたからね。よし、良かったと思ったものですよ」

ただし、この影響で百束さんの勤務先は外地から内地に変更となった。この病いが百束さんの人生における運命の岐路となった。

昭和十九（一九四四）年二月、百束さんは陸軍経理部の衣糧幹部候補生として、青森県の弘前《ひろさき》経理部に転属。陸軍経理部とは、軍資運用の研究審議、予算などの会計の監査、被服や糧秣《りょうまつ》の整備などを担当する専門の部署である。

「山形の部隊からは四人が経理部に進みましたが、試験などは特に受けていません。経理部に兄がいた者などは縁故で決まったようでした。やっぱり経理部は戦地に出る部隊とは違いますから、実は人気があったんですよ。皆、心の中では命が惜しかったということでしょう」

だが、経理部では「演習がない」ことを理由に、食事の量を減らされることもあったという。そんな時には悔しい思いをした。

その後、百東さんは東京の深川区《ふかがわ》（現在の江東区北西部）にあった陸軍糧秣本廠《ほんしょう》に異動。東北での生活を終えて東京へと戻った。糧秣廠とは、兵士の食糧や軍馬の飼料などを管理する組織である。

「各地の部隊に送る糧秣の管理をしていました。質の悪い赤い米ばかりでしたね。しかし、偉い人たちは白い米を食べていました。上層部用として、パンを焼くための小麦もありました。下の者が食べる物とは、随分と差がありましたね」

焦土と化した東京

やがて百東さんは主計軍曹に昇進。また、世田谷の陸軍機甲整備学校でトラックなどの運転に関する講習を二ヶ月ほど受け、技量試験に合格した。

「消防自動車を運転できる若者が少なくなっていたんですね。それで、私たちが回されたわけです」

昭和二十（一九四五）年には、芝浦にある東京出張所の補給科に転属となった。

「毎月、あちこちの部隊に食糧を補給するわけです。糧秣廠には米もあったのですが、各部隊には精白したコーリャンなどを送ることが増えていきました」

そんな中で迎えた三月十日の午前零時過ぎ、東京の上空に米軍の爆撃機の大編隊が姿を現した。世に言う「東京大空襲」である。

約三〇〇機ものＢ29爆撃機が、東京の下町一帯に無数の焼夷弾《しょういだん》を投下。木造家屋が密集する市街地を一気に焼き払う計画であった。それまでの米軍は軍事施設を対象とした精密爆撃を基本としていたが、無差別の焼夷弾爆撃に転換したのである。

Ｂ29爆撃機は二二〇〇馬力のエンジン四基を積んだ新型の大型爆撃機であった。爆弾の最大搭載量は約九トンにも及んだ。

米軍は新兵器のＭ69焼夷弾を使用。この焼夷弾は、木造家屋の多い日本の都市を想定して特別に開発されたものである。炸裂《さくれつ》するとナパーム（ゼリー状の油脂）が周囲に飛び散る仕組みとなっていた。

まず都市の周辺部にこの焼夷弾を投下し、巨大な「火の壁」をつくってから、その内側を焼き尽くしていくという作戦であった。これは非戦闘員の民間人を標的とした無差別爆撃である。一般民衆への攻撃により、米軍は日本側の戦意を喪失させようとした。

百束さんはこの夜のことをこう語る。

「東京出張所は芝浦の沿岸部にあったのですが、私たちは岸壁に縄梯子《なわばしご》を垂らし、そこに捕まりながら海中に入って空襲をやり過ごしました」

百束さんが続ける。

「近くにも爆弾が落ちてくる。身体を海から出すと熱くてたまらない。海の中から東京の上空が真っ赤になっているのをただ見ていました。東京が焼かれているのだなと思いましたが、何もできませんでした」

百東さんはそう言って深いため息をつき、こう呟《つぶや》いた。

「本当に嫌な思い出です。忘れてしまいたいけれど、死ぬまで忘れることはできないでしょう」

深川にあった光景

夜が明けると、百東さんは救援隊の一員として深川区の越中島《えっちゅうじま》町にある陸軍糧秣本廠へと向かった。運転手がいなかったので、百東さんが軍用トラックのハンドルを握った。

荷台に食糧などの救援物資を積んで芝浦を出発したが、途中の道から見える光景は、百東さんを驚愕《きょうがく》させた。あちこちでまだ火が燻《くすぶ》っており、焼死体がゴロゴロと転がっていた。今までに見たことがないような恐ろしい景色だった。

「十日の朝ですね。越中島まで行きましたが、それはそれはひどいものでしたよ。地獄というのはこういう所かと思いました」

実は空襲の「第一目標」とされたのが深川区であった。東京湾から超低空で一気に侵入した一番機が最初に焼夷弾を落としたのが深川区の木場《きば》である。空襲警報が鳴り響いたのは、その七分後のことだった。

空襲時、深川区ではどのような光景が繰り広げられていたのだろうか。当時、十五歳だった松本重子さんは深川区の洲崎弁天町《すさきべんてんちょう》で暮らしていたが、この夜のことをこう綴《つづ》っている。

〈防空壕《ぼうくうごう》にはいりましたが、今までとは何か様子がちがって、とてもざわざわしているのがわかりました。警防団のほうへ詰めていた父がもどってきて「外から洲崎の中へ逃げてくる、大門の方は風上だから出られないよ、洲崎病院へ逃げるように」と指図して、またもどっていきました。それっきり二度と帰らぬ人となり、死体もわかりません〉

母親についてはこう記す。

〈母は、姉と私を川のふちまで連れて行き、防空頭巾《ずきん》を川水につけては姉と私にかけてくれていました。それも長くは続かず、苦しいと言いながら川の中へはいるが早いか、苦しげにバタバタもがいておりました。その姿がまわりの火に照らされて、ものすごい形相でした。一五歳の私はどうすることもできず、「おかあちゃん、おかあちゃん」と泣きながらやはり川の中へ。でも母の姿はもうわかりませんでした〉

松本さんは九死に一生を得たが、母親の遺体が発見されたのは一週間後のことであったという。

＊

百束さんの運転する軍用トラックは、そんな空襲から一夜明けた深川の焼け跡を進んだ。

到着した先の陸軍糧秣本廠も、当然のことながら罹災《りさい》していた。

「本廠は随分と焼けていました。しかし、あそこは敷地がとても広いですからね。全部が焼失したわけではありませんでした」

敷地内には多くの避難民の姿があった。行き場を失った人々のために、敷地を開放していたという。

この空襲により、一夜にして八万から十万もの人々が死亡。被災者の総数は、実に一〇〇万人を超えるとされる。

原子爆弾

広島の甲子園球児

広島県広島市出身の澤村静雄さんは、大正十三（一九二四）年の生まれ。小学生の頃から野球に熱中し、広島商業時代には投手として甲子園大会にも出場。チームは準決勝まで進んだ。澤村さんは右肩の故障に悩まされながらも、憧れの聖地に立つことができた。

大会終了後、澤村さんは大学に進んで野球を続ける予定であった。しかし、

（大学に行って兵役逃れをするようなことはしたくない）

と考え直し、就職する道を選んだ。

昭和十七（一九四二）年十二月、広島商業を一学期繰り上げで卒業した澤村さんは、翌年一月に日本発送電株式会社に就職。「ニッパツ」の愛称で親しまれた同社は、全国の発電と送電を一元的に担った国策会社である。澤村さんは同社で軟式野球をするようになった。

やがて澤村さんも応召の時期を迎えた。しかし、ちょうどその時期に妹からパラチフスを移されてしまったため、澤村さんは入院することになった。全身性感染症であるパラチフスの罹患者《りかんしゃ》は、激しい発熱や腹痛などに見舞われる。澤村さんの入隊は、こうして延期となった。

しかし、澤村さんは諦めなかった。周囲の友人たちが続々と入営していく中で、自分一人が取り残される状況は耐えられなかった。会社ではすでに壮行会まで開いてもらっており、今更「入隊できなかった」では済まされなかった。もちろん「国を護りたい」という気持ちも強かった。

「兵隊に行ったら死ぬものだとは思っていました。しかし、自分たちがやらないと家族がやられる。ならば、我々が護らなければという思いでした」

澤村さんは退院後、自ら市役所に赴《おもむ》き、次の徴兵検査の日時を調べて試験を受けに行くことにした。

こうして受けた検査の結果は丙《へい》種。不合格であった。

澤村さんの身体は、未だ充分に回復していなかった。しかし、澤村さんは検査官にこう抗弁した。

「今は病気上がりですけど、私の身体は元々は強いんです。お願いです。行かせてくださ い」

すると県庁から来ていた一人の検査役が、身上調書を見ながら、

「おまえ、澤村って名前で、趣味が野球と書いてあるが、広商の澤村か？」

と口を開いた。甲子園常連校のエース格だった澤村さんは、地元では有名な存在であった。

「はい」

澤村さんがそう返事をすると、その検査役は驚いた様子で言った。

「どうした？　そんなに痩せて……」

澤村さんはパラチフスによって入院していたことを伝えた。それを聞いた検査役は、隣にいた陸軍の佐官と話をした。

その結果、澤村さんの検査結果は「丙種」から「第三乙種」に変更となった。合格である。前年までなら「第三乙種」は不合格であったが、この時は兵員不足の影響から合格の扱いとなっていた。こうして澤村さんの入営が決まった。

結論から言えば、この時に入隊して出征していなければ、澤村さんは後に被爆した可能性が高い。検査役が「広商の澤村」と気付いたことが、澤村さんの人生を変えたことになる。

軍隊と野球

昭和十九（一九四四）年十一月、澤村さんは北支那方面軍の通信隊員として北京で現地入隊することになった。長崎県の佐世保から船でまず釜山《プサン》へと向かい、その後に列車で北京に入った。

北京では初年兵として鍛えられた。毎晩のように古年兵たちからビンタである。

そんな軍隊生活の中で、心の支えとなったのが野球であった。意外なようだが、北京でも野球をする機会があった。軍隊内の野球経験者を集めて、北京の邦人チームと試合をしたこともあったという。

ある時、中隊対抗の野球大会が催された。班長が言う。

「野球の経験のある者は出て来い」

右肩に古傷を持つ澤村さんは少し躊躇《ちゅうちょ》したが、意を決して手を挙げた。ポジションはライトを希望した。澤村さんはこうして試合に出場することになった。

試合は接戦となったが、味方投手のあまりの不甲斐《ふがい》なさに、やがて班長が怒り出した。

「誰かビシッと投げられる者はおらんのか！」

澤村さんは肩に不安はあったが、練習の時に痛みを感じなかったこともあり前に出た。

「あの、投げてみましょうか？　わし、ちょっとやっていまして……」

久しぶりのマウンドに上がった澤村さんだったが、力を入れてボールを投げても肩は痛くなかった。澤村さんの投じる速球が、次々とキャッチャーミットに吸い込まれていく。

「いいじゃないか！」

班長はそう言って喜んだ。試合も見事に勝利した。

試合後、澤村さんはその班長に呼び出された。

「澤村と〇〇は、夕方、俺のところに来て、そこで飯を食え」

夕飯の前後は、先輩兵から最も殴られる時間帯であったが、野球で活躍した二人はその場を回避できるようになったのである。この特別待遇はその後も継続されたというが、澤村さんはこう言って笑う。

「芸は身を助けるとは本当だなと思いました」

広島への帰還

そんな軍隊生活の中で、澤村さんは幹部候補生となる道を志した。

名門野球部仕込みの努力と忍耐力で猛勉強を続けた澤村さんは、見事に難関試験に合格。晴れて内地に戻ることになった。

しかし、内地までの道程が危険だということで、行き先は東京から満洲の新京《しんきょう》に変更となった。ところがこれも途中の山海関《さんかいかん》の辺りが危ないということで中止。この時、澤村さんは心の内で、

(これは日本、負けるぞ)

と思ったという。結局、北京の奥にある黄寺《こうじ》という場所の通信教育隊に入ることになった。

その後、黄寺での駐留中に玉音放送を聴いた。澤村さんは内心、

（良かった）

と思った。澤村さんは厳しい軍隊生活の中で、

（こんな軍国主義の日本が勝ったら、その後はどうなってしまうのか？）

と考えていたという。敗戦を知った澤村さんの目に涙はなかった。

＊

しかし、敗戦後の現場の混乱は深刻だった。軍曹となっていた澤村さんは黄寺から部下を連れて中隊に帰るよう命じられた。澤村さんは中隊が駐屯する石家荘《せっかそう》まで苦労して戻ったが、今度は、

「北京に行け」

との命令。澤村さんはなんとか北京の司令部に戻った。

司令部内には、多くの民間人の姿があった。敗戦後の治安悪化の中で、民間の邦人を匿っていたのである。

そんな民間人たちを順番に内地に帰国させていくのだが、なぜか広島と長崎の人たちが優先的に帰されていることに澤村さんは気が付いた。その理由を上官に尋ねた時、澤村さんは故郷に起こった惨劇について初めて知った。

「広島が特殊爆弾でやられた」

澤村さんはそう聞いた。しかし、「特殊爆弾」という言葉の意味がよくわからなかった。その後、澤村さんは広島が一発の原子爆弾によって壊滅状態になったことを知った。

両親も妹も、広島にいるはずだった。広島の惨状を伝え聞くに及び、澤村さんは最愛の家族の死を覚悟せざるを得なかった。

不安と心配は募ったが、澤村さんに帰国の日はなかなか訪れなかった。澤村さんがようやく内地に帰ることができたのは、敗戦から一年が経った昭和二十一（一九四六）年八月である。家族の安否は、未だにわかっていなかった。

船で佐世保に戻った澤村さんは、そこから列車で広島に向かった。列車が広島に近づいたのは夜だった。線路の脇には、まばらながら人家が建っていた。

（あれ、やられてないじゃないか）

澤村さんはそう思った。しかし、よく見ると、それらの家々の向こう側はどこまでも真っ暗で、何も見えないのであった。

列車は深夜に広島駅に到着。駅から出た澤村さんは、街の不気味な暗さに驚きながら、駅前にできていた掘建て小屋の喫茶店に入り、そこで朝が来るのを待った。店の人に話を聞くと、

「全部やられてますよ」

と言う。

朝になって街の様子が明らかになると、澤村さんの驚きはより深いものとなった。

澤村さんが白球を追った青春の街、広島が消えていた。

原子爆弾の投下

アメリカにおける原子爆弾の開発は、「マンハッタン計画」の名で一九四二年八月から本格的に始められた。アメリカは二十億ドル余もの巨額の資金を投入してこの計画を推進。ニューメキシコ州アラモゴードで開発実験に成功したのは、一九四五年七月十六日のことである。

同月二十五日、トルーマン米大統領は以下の指令を出した。

「第二十航空軍第五〇九混成部隊は、一九四五年八月三日（頃）以降、天候の許す限り速やかに、次の目標の一つに最初の特殊爆弾を投下せよ。広島、小倉、新潟及び長崎」

八月六日、マリアナ諸島のテニアン島から「エノラ・ゲイ」と名付けられたB29爆撃機が日本に向かって出撃した。機体の名称は、第五〇九混成部隊の指揮官であるポール・ティベッツ大佐の母親の名前に由来する。

出撃時、原爆の投下地はまだ決まっていなかった。しかしその後、先行する気象観測機からの報告により、最も天候の良かった広島が投下地に選ばれた。エノラ・ゲイは広島へと向かった。

午前八時九分、エノラ・ゲイの搭乗員が広島市街を目視で確認。その後、機体は慎重に広島市中心部の上空へと侵入した。

午前八時十五分十七秒、爆弾倉の扉が開き、「リトルボーイ」と命名されたウラニウム爆弾が落下を始めた。

リトルボーイの長さは約三メートル、重量は約四トン。人類史において初めてとなる原子爆弾投下の瞬間である。

投下から四十三秒後、高度約六〇〇メートルの付近で核分裂爆発を起こしたリトルボーイは、凄まじい熱線と爆風を周囲に巻き起こした。爆心地は相生橋《あいおいばし》の南東に位置する島《しま》病院の上空辺りであったと推定されている。

このたった一発の原子爆弾により、爆心地から半径五〇〇メートル以内の温度は三〇〇〇℃から四〇〇〇℃にまで上昇。強烈な爆風により、建築物の大半が破壊された。

爆心地近くにいた住民は、大量の熱線と放射線を浴びて即死。銀行の前の階段に座って開店を待っていたある人は、一瞬にして蒸発し、黒い影だけを残して消えた。

即死を免れた住民も、倒壊した家屋の下敷きになったり、激しい火災の犠牲となって次々と命を奪われた。

八月六日以降も、放射能の影響で死者の数は膨らんでいった。

昭和二十（一九四五）年の内に、約十四万人もの人々が絶命したとされる。

両親の最期

澤村さんは実家のあった舟入本町《ふないりほんまち》へと急いだ。舟入本町は爆心地から一・六キロほどの場所である。

自宅は跡形もなくなっていた。周囲には何軒かの小屋が建っていた。

知り合いの近所の人たちとは何人か再会することができたが、両親の安否はわからなかった。澤村さんは正確な情報を求めて歩き回ったが、根拠のある話を聞くことはできなかった。

その後、澤村さんは妹と再会することができた。妹は女子挺身隊《ていしんたい》の招集で広島の中心部から離れていたために、一命を取り留めていたのである。そんな妹も膝がただれていた。

澤村さんは妹から、母親が亡くなっていることを聞いた。妹は、

「お母さんは家の下敷きになって死んだ」

と言う。

「なんでわかるんや」

そう聞き返した澤村さんに、妹が話し始めた。

それによると、母親はいつも「がま口」を胸元に入れていたという。それは、「落とさないように」

と、妹が母親にそうするよう繰り返し言っていたからであった。

原爆投下後、自宅の焼け跡に駆けつけた妹は、一体の骨を見つけた。その骨の胸元に、がま口の金具の部分が落ちていた。

「だから間違いない」

妹は兄にそう説明した。

*

父親については、父の弟である叔父から話を聞いた。

八月六日、その当時、町内会長をしていた父は、町の会合に欠員が出たために、その代役として出席することになった。場所は榎町《えのまち》の倉庫だったが、そこで被爆したという。榎町は爆心地から一キロほどの場所である。

父は即死ではなかったが、皮膚がズル剝けになった。叔父がそんな父を連れて逃げた。

被爆から十日目には、身体全体から死人のような腐臭が漂うようになった。父は、「水を飲みたい」

と何度も繰り返した。しかし、「飲んだら死ぬ」ということを周囲から言われていたため、叔父はずっと水を飲ませなかった。しかし、あまりに臭いが強くなる中で、叔父は水を飲ませる決意をした。

バケツ一杯の水を飲み干したという。

澤村さんの父親は、そこで事切れた。澤村さんはこう語る。

「父は下駄などに使用する木材を扱う事業を営んでいました。父は野球に夢中になっている私をいつも励ましてくれましたが、仕事が忙しかったので実際に球場に観に来ることはほとんどありませんでした。しかし、昭和十七年夏の地方予選の準決勝くらいでしたかね、スタンドに親父の姿を見つけてとても驚いたのを覚えています。場所は広島県総合体練場のグラウンドでした」

澤村さんが大切な思い出を手繰り寄せる。

「それだけ覚えているということは、親父が来てくれたのが嬉しかったのでしょうね。試合も勝ちましたが、今から思えばあの頃が私の人生で最も楽しい時期でした。しかし、人間というのは、その時にはそうは気付けないものですよね。後にあんなことになるなんて、思いもしませんでした」

＊

澤村さんの実家のあった舟入本町は、今では多くのビルが立ち並ぶ賑やかな場所となっている。かつての実家の跡地を、澤村さんと共に訪ねた。

「雰囲気はガラリと変わりましたね。戦前の広島も、一面が焼け野原となっていた広島も、すべてが別世界のように感じます」

澤村さんが過去を噛みしめるようにして語る。

「家族を護ろうとこっちが先に死ぬつもりで兵隊に行ったのに、帰ってきたら両親のほうが死んでいたんですからね。これも運命でしょうか」

戦前からの名物である広島電鉄の路面電車が、私たちの脇を走り抜けて行った。

終戦

近衛兵という栄誉

「近衛兵《このえへい》」とは、皇居（当時の呼称は宮城《きゅうじょう》）の警護を主な軍務とする陸軍兵士のことである。明治維新の際に設置された「親兵《しんぺい》」がその前身で、明治五（一八七二）年に「近衛兵」と改称された。

「皇居の警護」という極めて重要な役割を担う近衛兵だが、その実像には不明な部分が多い。「秘密厳守」を固く命じられていた近衛兵たちは、戦後になっても多くを語らなかった。

そんな中、お二人の元近衛兵の方々とお会いすることができた。

大正十四（一九二五）年十月、平塚基一《きいち》さんは宮城県の桃生村《ものうむら》（現・石巻市《いしのまきし》）で生まれた。実家は代々、稲作を営んでいた。平塚さんは尋常高等小学校を卒業後、地元の青年学校へと入学。青年学校とは、中等教育学校に進学せずに勤労に従事する若者を対象とした教育機関である。

昭和十九（一九四四）年十月、平塚さんは徴兵検査に甲種合格。しかも「近衛歩兵要員」としての合格であった。この時の心境を平塚さんはこう語る。

「それはもう『大変な光栄だ』と震える思いでした。心から感激しましたね」

近衛歩兵要員の選抜者は、成績優秀かつ身体強健な者と定められていた。加えて、家柄や親族まで細かく調査された。

十二月二十日、平塚さんはまず仙台の歩兵第四連隊（東部第二十二部隊）に入営。近衛歩兵要員の同年兵は三十三名であった。

平塚さんは同部隊の第二中隊に配属されたが、この時、同じ中隊にいたのが佐藤吉勝《よしかつ》さんである。

大正十四（一九二五）年六月、佐藤さんは宮城県の築館町《つきだてちょう》（現・栗原市《くりはら》）にて生まれた。実家は自作の農家で、佐藤さんは八人兄弟の長男だった。尋常高等小学校を卒業した後、青年学校へと入学。平塚さんとは別の青年学校である。その後、徴兵検査で甲種合格となり、近衛歩兵要員に選ばれた。この年、築館町から近衛歩兵要員となったのは、佐藤さんを含めて二人だけだった。

十二月二十日、佐藤さんは歩兵第四連隊に入隊。ここで平塚さんと出会ったわけである。

皇居での軍務

昭和二十（一九四五）年四月、仙台での訓練を終えた平塚さんと佐藤さんは、晴れて東京の近衛歩兵第二連隊（東部第三部隊）に入隊となった。

憧れの東京であったが、その前月に見舞われた東京大空襲の結果、街は大きく傷ついていた。焼け跡だらけの首都の光景が、戦況の厳しさを物語っていた。

近衛師団の司令部は「北の丸」にあった。

平塚さんは第一大隊第三中隊の配属となった。佐藤さんも同じ中隊だったが、班は別となった。

全国から集められた初年兵たちは約一ヶ月の間、初年兵教育を受けた。講義は「皇室の歴史」「皇居内の解説」「近衛兵の勤務内容」などであったが、特筆すべきはメモを取ることが固く禁じられたことである。軍務の役割上、情報の扱いには特別な注意が払われた。

五月一日、初年兵教育は修了。以降、それぞれの軍務に就くことになった。

平塚さんが任されたのは、賢所《かしこどころ》の警護であった。賢所は皇祖《こうそ》である天照大御神《あまてらすおおみかみ》が祀《まつ》られている場所で、皇霊殿《こうれいでん》、神殿と並ぶ「宮中三殿」の一つである。警護は宮内省の皇宮警察と協力して行われた。

勤務は四十八時間の交代制だった。直立で一時間の歩哨《ほしょう》を務めたら二時間休み、次の一時間を予備の控え役として待機するというサイクルを四十八時間にわたって繰り返した。

食事に関しては仙台時代よりも改善された。仙台では「コーリャン飯」が中心だったが、近衛連隊では「白飯」が出た。しかし、量はいつも足りなかった。しかもその後、コーリャン飯が出る日の割合が次第に増えていったという。

　そんな日々の中で、平塚さんは初めて昭和天皇のお姿を見た。

「二重橋の辺りでしたね。私は捧《ささ》げ銃《つつ》の姿勢でした。思わず涙が出る思いでした。我々の時代には各小学校に奉安殿《ほうあんでん》があって、登校時と下校時に最敬礼して育ちましたから。ありがたいなあと感じたのを覚えております」

　一方、佐藤さんが任されたのは、半蔵門《はんぞうもん》などの警備であった。しかし、平塚さんと違い、佐藤さんは昭和天皇のお姿を目にしたことはなかった。

　その内に、幾つかの部隊は周辺の兵舎に分駐することになった。空襲に備えて、戦力を分散させるための措置である。佐藤さんの班は、小石川《こいしかわ》の白山《はくさん》にある兵舎へと移った。

　その後も東京への空襲は続いた。皇居近くの霞ケ関（現・霞が関）周辺も、大きな被害を受けた。

　そんな中、佐藤さんの分宿先も危険と判断された。結果、佐藤さんたちは自分たちで掘った防空壕で寝泊まりするようになった。

　一方、連隊の兵舎に残っていた平塚さんは、空襲についてこう語る。

「後楽園にあった高射砲が敵機を迎撃していましたが、高度が足りずに弾が届いていないようでした」

平塚さんは次のように続ける。

「一度、一機の零戦がB29に体当たりしたのを見ました。零戦は光りながらバラバラに砕けていきました。まるで線香花火のようでしたね」

特攻は東京にもあったのである。

火災の発生

昭和史においてしばしば語られるのが「米軍は皇居には爆弾を落とさなかった」という言説である。確かに終戦後の占領政策を考慮した米軍が、皇居への空襲を控えていたのは事実である。

しかし、実際には五月二十五日の夜、皇居も火災に見舞われている。ただし、この火災は「皇居外の罹災地からの飛び火による延焼」と一般的に理解されている。

しかし、この点に関し、平塚さんは重要な話を打ち明ける。

「実はそれは違うんですよ。延焼ではないんです。今までこの話はずっと胸に仕舞ってきましたが、もう話してもいいでしょう。私はその証拠となる『あるもの』を発見してしまったんですよ」

この夜、東京の空に雲はなく、十メートルもの強い南風が吹いていた。そこに空襲警報のサイレンが鳴り響いた。

房総半島方面と駿河湾《するがわん》方面から東京上空に侵入したB29爆撃機は、計五〇〇機近くにも及んだ。焼夷弾による無差別爆撃は、強風に煽《あお》られながら都内の各所に大規模な火災を発生させた。後に言う「山の手大空襲」である。

その夜、平塚さんは非番だったが、

「宮城が燃えている」

という話が周囲から伝わってきた。平塚さんは戦友たちと共に、急いで賢所へと駆け付けた。サイレンはまだ鳴り続けていた。

「賢所は大丈夫だったのですが、宮殿が燃えていました。上空には多数のB29が見えました」

ここで平塚さんの言う「宮殿」とは、明治二十一（一八八八）年に落成した「明治宮殿」のことを指している。建物は様々な儀式の場である正殿《せいでん》の他、執務が行われる御座所《ござしょ》や、天皇の住居である奥宮殿《おくきゅうでん》などから成っていた。そんな明治宮殿が火焔《かえん》に包まれていた。

通常は「警戒のための歩哨」が軍務の近衛兵だが、この時ばかりは警視庁特別消防隊や皇宮警察と共に消火活動にあたった。平塚さんはこう回顧する。

「消火栓はあるのですが、空襲の被害によって水道管が破裂していたため、水が出ないんです。水道管の破裂した部分からは、噴水のように水が飛び散っていました。それで仕方なく、池の水を汲んでバケツリレーをしたのですが、とてもではないですが水が足りません。しかも、この夜は風がとても強かった。全然、消えないんです」

じきに池さえも煮立った釜のようになり、消火作業は不可能となった。すると近衛兵には、

「物や書類を運び出せ」

という命令が下された。

平塚さんは最初、十人がかりで絨毯《じゅうたん》を搬出した。それから、三人で机を外へと運んだ。宮殿の檜《ひのき》の柱が青光りしていた。屋根に使われていた銅板が溶け、これも青く光っているように見えた。

そんな中で搬出作業を続けた。奥の部屋から手箱を持ち出そうとした際、「バリバリ」という大きな音が近くで聞こえた。平塚さんは手箱の搬出を諦めて外へ逃げようとしたが、途中で煙かガスを吸ってしまったのか、意識を失ってしまった。

「気が付いた時には、建物の外で倒れていました。誰かが助けてくれたのでしょう」

甚大なる被害

一方、小石川の防空壕にいた佐藤さんも「近衛歩兵全軍集合」の命令を受けて、皇居へと

駆け付けた。しかし、皇居とは距離があったため、到着は平塚さんに比べるとだいぶ遅かった。

「すでに火の海になっていましたね」

宮殿の玄関にある直径一メートル近くの立派な丸柱が、まさに火柱となって燃えていた。

「銅板でできた屋根が、青く光りながら燃え上がっていました」

という佐藤さんの証言は、平塚さんの言葉と一致する。

佐藤さんも命がけで消火にあたった。燃え盛る炎に対して水や土をかけたが、火柱は時に十メートル以上にもなり、夜なのに昼間のような明るさとなった。

日付も変わった二十六日の明け方、宮殿がついに倒壊。平塚さんは言う。

「一挙に崩れ落ちました。それでもう物品の搬送もできなくなりました」

この倒壊によって、火災はようやく鎮火へと向かった。

やがて、薄暗い中で中隊ごとの点呼が始まった。集まった者たちはみな煤《すす》だらけの顔で、誰が誰かも認識できなかった。焼け落ちた建物の中に焼死体が重なっているとの情報ももたらされた。

数時間後、犠牲者の名前が判明した。その中には、平塚さん、佐藤さんとは仙台時代からの戦友である小山幸男という兵士の名前もあった。第五中隊に配属されていた小山は、豊明《ほうめい》殿《でん》付近で物品搬出にあたっていたが、その作業中に炎に巻かれて殉職したという話であった。

平塚さんは言う。

「小山君とは仙台時代、寝台が隣りでした。ですから、とても仲が良かったんです。彼とは常に励まし合う仲でした。彼は任務に忠実な男だったから、あのような結果になったのでしょう。私は手箱を諦めて放したからなんとか助かったけれども、彼は立派に最後まで任務を遂行しようとしたのではないでしょうか」

俯《うつむ》きながら平塚さんが続ける。

「小山君の遺体は、東御車寄場《みくるまよせば》に置かれていました。あの時の再会ほど哀しいものはありませんでした。今でも忘れられません」

結局、この夜の火災により、十三名の近衛兵が殉職。いずれも遺体の損傷が激しく、顔ではなく所持品で姓名を確認したという。

宮殿炎上の真相

この火災時、昭和天皇は御文庫《おぶんこ》内の地下二階防空壕に避難し、ご無事であった。防空用住居である御文庫は皇居内に極秘につくられた設備で、地上一階、地下二階という構造であった。御文庫という名称は、防空施設であることを秘匿するための隠語であったとも言われている。そんな御文庫内には居間や応接室、食堂、寝室、風呂などが完備されていた。

近衛兵たちはその後、焼け跡の整理に当たったが、平塚さんが「あるもの」を発見したのはこの時である。

それは、空《から》の焼夷弾であった。焼夷弾は五本あった。上官がそれらを二重橋の辺りに隠した。平塚さんはこう語る。

「私は焼夷弾の空を実際にはっきりと見ました。五本。間違いありません。上官からは『口外するな』と言われました。これが本当の事実なんですよ。つまり、あの夜の宮殿の火災の原因は、皇居の外からの飛び火による延焼ではないんです」

現在、多くの史料には「警視庁（桜田門《さくらだもん》）方面からの飛び火により正殿が出火」「桜田濠沿いの参謀本部が爆撃されて炎上した際、火の粉により明治宮殿が類焼《るいしょう》」といった内容が記録されている。しかし、平塚さんはこれらに異論を唱える。

「私は確かに空の焼夷弾をこの目で確認しましたから」

＊

宮殿炎上を受けて、その後の皇居内の緊張が一挙に高まったのは当然のことである。

六月一日から、佐藤さんは御文庫を補強するための作業に駆り出された。同作業には「一号作戦」という名称が付されていたという。

「御文庫の上部に盛られていた土を一度のけて、そこにコンクリートを流し込みました。近衛歩兵連隊の兵舎の営庭にコンクリートミキサーがあって、輸送にはトロッコが使われていました。トロッコ用の線路が営庭から御文庫の近くまで敷かれていたんです。この補強作業は夜まで行われました。約一ヶ月間、そんな日々が続きました」

作業中に空襲警報が発令されることもあったという。

「空襲警報が出ると作業は中止となり、夜であれば明かりも消して待機となります。当然、トロッコも止められますが、その間はコンクリートが固まらないようにずっと容器をゆすり続けていなければいけません。今、思い返すとおかしな姿ですけれども、当時は真剣でしたね」

こうして御文庫は補強された。厚いコンクリートで上部を固めた後、その上に土を盛り、さらにカモフラージュ用の樹木が植えられたという。佐藤さんは御文庫の印象について、次のように回想する。

「中まで入ったことはありませんが、入り口は鉄の扉だったと思います。頑丈な鉄の扉。それは覚えていますね」

その後、御文庫内では連日にわたって会議が開かれるようになった。

終戦前日の警護

八月十三日、平塚さんの部隊は、

「営庭に大きな穴を掘るように」

と命じられた。平塚さんたちは直径五メートル、深さ二メートルほどの穴を速やかに掘った。

翌十四日、今度は、

「私物をすべて穴に捨てて焼け」

と言われた。平塚さんはこう語る。

「その命令を聞いた時は、『戦争はまだ終わっていないのに、どうしてだろう?』と不思議に思いました。周りの戦友たちも、心配そうな表情を浮かべていました」

皆が疑心暗鬼に包まれる中で、平塚さんは持っていた私物を穴の中に投げ入れた。しかし、出征時に手渡された「日の丸の寄せ書き」と、戦友たちと共に撮った一枚の写真のみ、軍服の中に入れて隠し持つことにした。

それから程なくして、平塚さんは中隊長に呼ばれた。中隊長からの命令は、

「御文庫の警護をせよ」

という内容であった。平塚さんが振り返る。

「各中隊から将校と下士官と兵隊という三人一組が選抜されました。計七組が選ばれたのですが、私もその一人になったのです」

中隊長からは、普段以上に強い口調でこう命じられたという。

「御文庫で行われる会議の警護を命ずる。何者かがこの会議を阻止しようとしたり乱入した場合は、躊躇《ちゅうちょ》することなく射殺せよ。身を挺してでも、誰も御文庫に入れるな。また、この任務は秘密裏に行い、命令の内容を外に絶対に漏らしてはならない」

こうして平塚さんは御文庫の警護に就いた。会議の具体的な内容については知らされなかったが、極めて重大な議論が行われている様子は充分に察せられた。

極度に張り詰めた緊張感の中、平塚さんは決死の覚悟で御文庫の歩哨を務めた。

＊

平塚さんが警護する御文庫の内部では、午前中から会議が開かれていた。それは日本の行く末を大きく左右する重要な会議であった。すなわち、「終戦の是非」について話し合う御《ご》前《ぜん》会議である。

この会議の席上において、昭和天皇はポツダム宣言の受諾による降伏の御意思を示された。いわゆる「御聖断《ごせいだん》」である。

平塚さんはこう語る。

「結論から言えば、あの時に警護していた御文庫の内部で終戦が決まったわけですからね。自分でも驚きますよ。ただし、当時はそんなことは何も知りません。そのような事実を知ったのは、すべて戦後のことです」

結局、平塚さんが歩哨に立っている間、御文庫周辺に不審な動きは見られなかった。平塚さんは口元をやや緩めながらこう話す。

「銃を撃つことなく警護が終わった時には、心から安堵しました」

クーデター計画と謎の「万歳」

八月十五日の早朝、陸相官邸では陸軍大臣の阿南惟幾《あなみこれちか》大将が、皇居に向かって座したまま割腹自決。遺書には「一死以《もっ》テ大罪ヲ謝シ奉ル」との一文があった。

平塚さんが「近衛歩兵第二連隊の一部がクーデター計画に参加した」という事実を知ったのは、この日の朝のことである。前夜、一部の青年将校たちは「徹底抗戦」を叫び、クーデター計画を決行。それに反対した近衛第一師団長・森赳《もりたけし》中将が暗殺されるという事態が発生していたのである。

その後、クーデター派が森師団長の名前で「宮城の占拠」を呼びかける虚偽の命令を出したため、一部の兵士が蹶起《けっき》に利用されてしまったのだった。平塚さんはこの事件についてこう語る。

「同じ連隊でも、大隊や中隊が違えば状況は大きく異なります。私たちの知らないところで、大変な事態が起きていたことをその時に初めて知りました」

平塚さんの耳には、未だ終戦の報すら入っていなかった。一方の佐藤さんの述懐も、平塚さんの証言とほぼ合致する。

「クーデターなんて全く知りませんでした。班が違うと、本当に何もわからないんですよ」

その後、クーデターは完全に鎮圧された。

*

やがて各部隊に「宮城内の広場に中隊ごとに集合」との命令が下された。平塚さんの中隊は長和殿《ちょうわでん》の前に集まった。

そこで聴いたのが玉音放送であった。平塚さんは言う。

「長和殿の前に欅《けやき》の木があったのですが、そこにラジオが吊るしてありました。その前の広場に集合して放送を聴きましたが、正直言って何のことかよくわかりませんでした」

平塚さんはその後、自らの兵舎に戻ったが、次第に放送の意味するところが伝えられるようになった。

（日本が負けたのか）

平塚さんは慄然《りつぜん》とする思いであった。

一方の佐藤さんは、二重橋の辺りで玉音放送を聴いた。

「内容は細かくはわかりませんでしたが、何となく『負けたのかなあ』と思いました。周囲からはすすり泣く声が聞こえました。私も気が付いたら泣いていましたね」

そんな佐藤さんが一つの興味深い話を打ち明ける。

「玉音放送からどれくらい後だったかはちょっと記憶がないのですが、皇居前の広場から何やら騒がしい声が聞こえてきたんです。それは『万歳！　万歳！』という叫び声でした。これには驚きましたね。不思議な気持ちになりました。玉音放送を聴いて集まってきたのでしょうが、誰がなぜそんなことを叫んでいるのか、全く理解できませんでした。これは未だに謎ですが、一般の人たちの間にあった不満が爆発したのでしょうか」

平塚さんもこの「万歳」という声を確かに聞いたという。

「私の記憶にあるのは、夜に二重橋の前で提灯《ちょうちん》行列をやっている光景です。それで何者かが『万歳！　万歳！』と叫んでいる。それを見た私は『あれ？　やっぱり日本は負けたのではなくて勝ったのではないか？』と思ったんです。しかし、周囲の戦友たちの説明では『あれは朝鮮人だ』という話でした。それ以上の真相は私にはわかりません。ただ、沢山《たくさん》の人たちが集まって『万歳！　万歳！』とやっていたのは間違いないですね」

皇居に響いたという「万歳」の声。昭和史の隠れた一場面である。

第六章

ソ連の侵攻

樺太・集団自決事件

炭坑病院の看護婦たち

一九四五（昭和二十）年八月九日、ソ連は日ソ中立条約を一方的に破棄し、満洲国への侵攻を開始した。

その背景にあったのが「ヤルタ密約」である。遡《さかのぼ》ること同年二月四日、クリミア半島のヤルタの地にアメリカのルーズベルト、イギリスのチャーチル、ソ連のスターリンが集まった。この会談において「ソ連はドイツ降伏三ヶ月後に対日参戦する」という密約が交わされたのである。

ソ連軍が侵攻したのは満洲国だけではなかった。ソ連軍は八月十一日、樺太《からふと》全土の占領作戦に着手。当時の樺太は北緯五十度線を国境として、北部がソ連領、南部が日本領であった。南樺太への侵攻を開始したソ連軍の総兵力は約二万。戦車旅団を含む精鋭部隊であった。ソ連は南樺太を占領し、北海道侵攻のための拠点とする計画であった。

樺太の南北を隔てる国境線付近では、激しい地上戦が勃発。ソ連軍自慢のT34中型戦車の突進に対し、日本軍は二個小隊が速射砲や機関銃で果敢に応戦した。日本軍は一旦、ソ連軍の進軍を阻止したが、その後は次第に劣勢となった。それでも日本軍の将兵たちは、斬り込み突撃や爆雷を背負っての自爆攻撃を繰り返すなど、懸命の戦いぶりを見せた。

そんな中で、十四日に日本はポツダム宣言を受諾。翌十五日、玉音放送が流れた。

だが、その後もソ連軍の軍事行動は終わらなかった。

当時、樺太の恵須取町《えすとるちょう》にある大平《たいへい》炭坑病院で看護婦をしていた片山寿美《すみ》さんは、玉音放送を病院附属の寄宿舎で聴いた。片山さんは当時、二十七歳であった。

「雑音がひどくて、内容もよくわかりませんでした。戦争が終わったということについても半信半疑でした」

それでも周囲から、

「終戦は間違いない」

と聞き、片山さんは安堵《あんど》した。

しかし、片山さんにとっての戦争は、実はこれが始まりだったのである。

翌十六日の午前三時頃、ソ連軍による大平への空襲が始まった。

「戦争は終わったはずなのになぜ？　という思いでした」

片山さんの動揺は大きかった。当時、病院の主な機能はすでに大平神社の近くに設けられていた横穴式防空壕《ぼうくうごう》に移されていたが、そこに空襲の被害者たちが次々と運び込まれてきた。

隣町の塔路《とうろ》から逃げて来る人たちもいた。樺太の西岸部に位置する塔路の町は、激しい艦砲射撃を受けているという話だった。

そんな中、防空壕内では懸命の救護活動が行われた。

午後になると「上陸したソ連軍が接近中」との情報が入った。このような状況下で、看護婦たちにも病院側から避難命令が出された。しかし、婦長の高橋フミは、

「重症患者を残してはいけません。私たちは残ります」

と言って、その命令を拒んだ。高橋は、

「最後まで看護婦としての職務を全《まっと》うしましょう」

と部下の看護婦たちに声をかけた。片山さんもそれに同意し、治療に奔走した。

しかし、ソ連軍の攻撃はさらに激しさを増していった。やがて患者たちからも、

「一刻も早く逃げなさい」

という声があがった。そしてついに「塔路の方角から、山伝いにソ連兵の隊列が近づいて来るのが見えた」という情報がもたらされた。

ここにおいて高橋婦長は「ソ連兵も重症患者には手を出さないだろう」との結論に至り、避難が困難である患者たちに最後の投薬を済ませ、残りの薬や食糧、水などを枕元に置いてから避難することに決めた。

彼女たちが防空壕から出た時、辺りはすでに夕闇に包まれていた。

彼女たちの決意

防空壕を出た看護婦たちは、山中の道を南方に向かって歩き出した。市街地はすでに火災に包まれていた。

退避を始めてすぐに日が暮れたが、彼女たちは細い夜道を山伝いに進んだ。早朝から続いた救護活動によって心身ともに疲れ果てていたが、この先を歩いているはずの家族に追いつきたい一心で先を急いだ。

逃避行中もソ連軍の飛行機にしつこく追い回された。時折、照明弾が落とされ、周囲がパッと明るくなった。激しい機銃掃射にも見舞われた。片山さんが言う。

「兵隊と避難民の区別くらい付くだろうと思うんですがね。なぜ私たちをこんなに執拗《しつよう》に攻撃する必要があるのだろうかと不思議でなりませんでした。本当に怖い思いをしました」

武道沢《ぶどうさわ》という山裾《やますそ》の辺りで、反対側から逃げてきた人たちの集団と出会った。その集団は、手に竹槍《たけやり》を持った白鉢巻姿の少女たちの一団であった。彼女たちを引率していた男性は、

「すでに周囲をソ連兵に囲まれている」

と言った。

看護婦たちは自然と高橋婦長の周囲に身を寄せ合った。高橋婦長は看護婦たちにとって母親のような存在だった。そんな高橋婦長がついにこう口にした。

「申し訳ないけれども、ここで最期の時としましょうね」

それは集団自決の意思を告げる言葉であった。それを聞いた看護婦たちに取り乱すような雰囲気はなかったと片山さんは語る。

「日本婦人として当然のこと。辱《はずかし》めを受ける者が一人でもあってはいけないと思いました」

ソ連兵に陵辱《りょうじょく》されることは、死よりも避けるべき結果であった。

ただし、看護婦の工藤咲子の祖母で、付添婦として病院で働いていた老女のみ、ここで別れることになった。高橋婦長は、

「ソ連兵でも老人には乱暴しないでしょう。おばあさん、元気でいなさいよ」

と声をかけたという。

＊

看護婦たちの数は二十三名であった。彼女たちはそれからしばらく沢の周辺を歩き回った。

やがて彼女たちの目に、小高い丘陵地が見えた。

丘の上には一本の楡《にれ》の大木が立っていた。彼女たちは吸い寄せられるようにして丘を登り、その楡の木の下に集まった。

その野辺こそ、彼女たちが選んだ死に場所であった。

看護婦たちは草地に腰を下ろし、夜空を仰いだ。星がきれいに瞬《またた》いていた。時折、遠方から爆音が届いた。

「明けの明星が出る頃に決行しましょう」

高橋婦長がそう言い、このような事態になってしまったことを改めて皆に詫《わ》びた。

彼女たちはそれまでの勤務生活の中での楽しかった思い出を語ったり、自分の至らなかったところを互いに懺悔《ざんげ》したりした。

それぞれの髪を櫛《くし》で梳《と》かし合う者たちもいたという。

彼女たちは幾つかの歌を唄った。彼女たちは普段から歌が好きで、寄宿舎でもよく一緒に声を合わせていた。この時に唄ったのは、以前からよく皆で口ずさんでいた「山桜の歌」だった。

山ふところの山桜　一人匂える朝日かげ
見る人なしに今日もまた　明日や散りなんたそがれに

その後、彼女たちは起立して「君が代」を斉唱した。

時はすでに十七日の明け方となっていた。

集団自決

彼女たちの手に青酸カリなどの毒物はなかった。看護婦といえども病院から毒物を持ち出すことはできなかったのである。

彼女たちが持っていたのは睡眠薬だった。彼女たちは睡眠薬を等分にして口に含んだ。中には麻酔薬を注射する者もあった。しかし、いずれも致死量には足りないように思われた。

そこで高橋婦長は、部下たちの手首の血管に「切断刀」と呼ばれる大きめのメスの刃を入れることにした。中には一瞬ひるむ少女もいたが、高橋婦長は、

「ごめんね」

と口にしながら、少女たちの血管を次々と割いていったという。

それでも死に切れず、中には包帯で自分の首を締めようとする者もいた。片山さんは言う。

「私は蘇生してしまうことが怖かったので、高橋婦長に頼んで両方の手首にメスを入れてもらいました」

片山さんはそのまま目を瞑《つむ》って横になったという。

それからどれくらいの時が経過したのかわからない。しかし、片山さんは夢うつつの中で、誰かの声を聞いた。

「本当に死ねるのかしら……」

これに対し、高橋婦長と思われる人物が、こう返答したのを片山さんは記憶している。

「大丈夫よ。死ねるから」

その言葉を聞いた後、片山さんの意識は徐々に薄れていった。

しかしその後、今度は誰かが自分に向かって話しかけている声に気が付いた。

「婦長さんも石川さんも、もう駄目になっちゃったわ。私たちも死ねるのかしら」

片山さんは朦朧《もうろう》としたまま、次のような意味の返事をしたという。

「皆、同じようにしたのだから。それに水もないし、このまま静かにしていれば必ず死ねるわ」

この時、片山さんは眩《まぶ》しいような強い日の光を感じたという。すでに夜が明け、太陽が昇っていたのであろう。

片山さんはそう言ったものの、死に至るほどの深い眠りを感じることはその後もできなかった。その内に、

「誰かが下のほうからこっちへやって来るわよ」

という声が聞こえた。片山さんは恐怖を感じた。片山さんは目を閉じたまま耳を澄ませた。

「オーイ、オーイ」

徐々に近づいて来るその呼び声は日本語であった。

彼女たちを救出したのは、丘の下にあった農場で働く鳴海竹太郎ら四名であった。実は自決前に別れた工藤咲子の祖母が不安そうに歩いていたのを鳴海らが発見し、話を聞いて捜索にあたったのだという。この場所も実は農場の敷地内の一角であった。農場の人は、「あなたたちは早まった。大平はもう落ち着き始めて、町には人が戻り始めている」と言った。

だが、その時にはすでに高橋婦長をはじめ、六名の看護婦の命が尽きていた。

生き残った十七名は、ひとまず農場の建物内に匿われた。ソ連軍の侵攻は一旦、落ち着きを見せていた。十七名の内、十名は重体であったが、なんとか一命は取り留めた。

六名の遺体は、楡の木の近くに埋められた。

真岡郵便電信局事件

このような悲劇は、樺太の他の町でも起きた。

真岡町《まおかちょう》の中心部に位置する真岡郵便電信局では、多くの女子職員が働いていた。当時の郵便局では電信電話に関する業務も行われており、その交換手を担っていたのは主に女子職員たちであった。

終戦翌日の八月十六日、ソ連軍の南下が伝えられる中、郵便局長の上田豊蔵は女子職員に対して緊急の疎開命令を勧告。しかし、主事補の鈴木かずえはこれを拒否し、女子職員たちにこう言った。

「仮にソ連軍が上陸しても、電話交換業務の移管が行われるまでは業務を遂行しなければならない。残って交換業務を続けてもらえる者は、一度家族と相談した上で、返事を聞かせてほしい」

これを聞いた女子職員たちからは、

「残って職務を全うしたい」

「私は残ります」

といった声があがった。

家族からの要望などによって引揚げを決めた者もいたが、多くの女子職員が職場に残る決断をした。

八月二十日、ソ連軍が真岡町への侵攻を開始。女子職員の班長だった高石ミキは、幹部と連絡を取り合った上で、非番の女子職員たちに非常召集をかけた。状況が混乱する中で、本土との電話交換業務の重要性が増すことを予測したためである。

女子職員たちは急いで郵便局に向かった。しかし、電信受付の任にあった折笠雅子はその途次《とじ》、ソ連兵に射殺された。

郵便局の周囲も戦場と化した。この時、局内にいた女子職員は十二名。彼女たちは銃声や悲鳴を聞きながら、一時間以上にもわたって電話交換業務を継続した。

しかし、ソ連兵が建物内に侵入するのも時間の問題であった。

そんな彼女たちが選んだのは、自決の道だった。彼女たちは本土に向けて、

「皆さんこれが最後です。さよなら、さよなら」

と最期のメッセージを送ったとも言われている。

その後、高石班長が青酸カリを服毒。最初に命を絶った。

結局、十二名の内、十名が局内で服毒による自決を図った。その結果、九名の若き命が失われた。

生き残った看護婦たち

話を看護婦集団自決事件に戻そう。

片山さんを含む生き残った看護婦たちには、病院側から復帰命令が出された。

ソ連軍の管理下となった病院には、まだ電気も復旧していなかった。病室を駆け回る彼女たちの手首には、一様に白い包帯が巻かれていた。

九月六日、高橋婦長ら六名の遺体が掘り起こされ、改めて荼毘《だび》に付された。

その後のある日、片山さんの父親が不意に病院に姿を現した。片山さんの両親は、彼女が九歳の時に離婚。以後、片山さんは食堂を営む父親のもとで育てられていた。

終戦時、父はすでに六十六歳。避難先からなんとか戻ってきたのだという。父は病院の玄関で事務員に、

「娘のお骨を取りに来ました」

と告げた。片山さんの父親は、看護婦たちの集団自決の噂を聞き、娘もすでに亡くなっているものと思い、病院を訪れたのであった。

「おまえ、生きていたのか」

日頃は厳格な父親が、そう言って大粒の涙を流した。

＊

事件から約一年が経った昭和二十一（一九四六）年の秋、片山さんは自分を救助してくれた恩人の一人である鳴海竹太郎と結婚。鳴海からの申し込みを一度は断ったものの、その後に受け入れたかたちであった。

翌昭和二十二（一九四七）年七月、二人揃って北海道へと引揚。故郷である樺太は、近くて遠い異国となった。その後、二人の男の子に恵まれた。

しかし、片山さんの「生き残ってしまった」という意識は、その後も彼女を深く苦しめた。

（自分には幸福になる資格がないのではないか）

そう自問自答を繰り返す日々であった。

その後、片山さんは助産婦となり、亡くなったかつての同僚たちへの償いのようにして、新たな生命の誕生を支える仕事に没頭した。

昭和四十五（一九七〇）年九月、札幌護国神社において看護婦六名への慰霊祭が執り行われた。生存した看護婦十七名の内、十二名が参列。その中の一人である角田徳子（旧姓・今谷）が、あの日、最期に皆で口ずさんだ「山桜の歌」を唄った。

その歌声を聴いた片山さんは、溢れ出す涙を堪《こら》えることができなかったという。

占守島の戦い

千島列島への侵攻

ソ連軍が侵攻したのは、満洲や樺太だけではない。

終戦から三日後の昭和二十（一九四五）年八月十八日、ソ連軍は千島《ちしま》列島の北東端に位置する占守島《しむしゅとう》への上陸作戦を開始。南北約三十キロ、東西約二十キロのこの島は、国際法上、完全な日本の領土であった。

この時、「北の備え」である第五方面軍の司令官だったのが、かつて満洲で多くのユダヤ人を救出した樋口季一郎《ひぐちきいちろう》である。

オトポール事件後、陸軍中将となっていた樋口は、昭和十八（一九四三）年五月、北部軍司令官としてアッツ島の戦いで指揮をとった。しかし、米軍の猛攻撃により同島の守備隊は玉砕《ぎょくさい》。予定されていた増援を海軍側が「艦艇の不足」などを理由に断念した結果であった。

このアッツ島の戦いは、日本で初めての「玉砕戦」であった。こうして樋口は「日本初の玉砕戦の指揮官」となった。

アッツ島玉砕の直後に決行されたキスカ島の撤退作戦では、島内に孤立した五〇〇〇人以上もの将兵を米軍の包囲網をかいくぐって撤収させることに成功。この撤退戦は「奇跡の作戦」として戦史に名を残している。

そのような軍歴を重ねた樋口が、今度は千島列島の南下を試みるソ連軍と対峙《たいじ》することになったのであった。

占守島の戦闘

占守島の各部隊がポツダム宣言の受諾を知ったのは、八月十五日の夕方である。同島に駐留していたのは、第九十一師団の歩兵第七十三旅団などであった。

各部隊は以降、速やかに武装解除を始めた。敗戦の報に一度は動揺した将兵たちも徐々に落ち着きを取り戻し、

「故郷に帰ったら何をしようか」

などと笑みを見せながら話し合っていた。

しかし、十七日の深夜、島の最北端に位置する国端崎《こくたんざき》陣地にいた将兵たちが、謎の砲声を聞いた。その一人、砲兵の野呂弘軍曹は「ボーン、ボーン」という砲弾の炸裂音《さくれつおん》を聞いて飛び起きたという。

その後、「敵兵が上陸中」「国籍は不明」といった情報が錯綜《さくそう》した。この時、将兵の多くは、

（米軍が侵攻してきたのか？）

と思ったという。

だが、その正体はソ連軍の上陸部隊であった。

十八日午前一時過ぎには、凄まじい艦砲射撃の下、ソ連軍の海兵隊が占守島北端の竹田浜に殺到した。

このような状況に関する情報は、近隣の幌筵島《ぱらむしるとう》に司令部を置く第九十一師団の師団長・堤《つつみ》不夾貴《ふさき》中将のもとに即座に届けられた。

第九十一師団は第五方面軍の隷下《れいか》にある。ソ連軍侵攻の情報は、樋口のいる札幌の方面軍司令部にもすぐに送られた。樋口はこの時のことを戦後にこう記している。

〈十八日未明、強盗が私人の裏木戸を破って侵入すると同様の、武力的奇襲行動を開始したのであった。斯《か》かる「不法行動」は許さるべきでない。若し、それを許せば、到る所でこの様な不法かつ無智《むち》な敵の行動が発生し、「平和的終戦」はあり得ないであらう〉

日本はすでに降伏を受け入れている。しかし、樋口はこのソ連軍の侵攻に対する戦いは「自衛戦争」だと断定。樋口は次のように現地に打電した。

「断乎《だんこ》、反撃に転じ、上陸軍を粉砕せよ」

ソ連軍の上陸を水際で阻止しなければならない。もしここで跳ね返さなければ、ソ連軍は千島列島を一気に南下し、北海道本島まで迫るであろう。もとよりロシア問題の専門家である樋口は、冷静にそう見定めていた。

歴史の答え合わせをするならば、樋口のこの予測は完全に当たっていた。ソ連の最高指導者であるスターリンは、釧路と留萌《るもい》を結んだ北海道の北半分を占領する考えを持っていた。そのための第一歩が占守島への侵攻だったのである。

そんなソ連軍の上陸部隊を占守島で迎え撃ったのは、村上則重《のりしげ》少佐率いる独立歩兵第二八二大隊であった。村上大隊は上陸部隊に対して猛攻撃を加え、竹田浜一帯は熾烈《しれつ》な戦場と化した。

一度は終戦の報に接して故郷での日々に思いを馳《は》せていた兵士たちが、血にまみれて斃《たお》れていった。

しかし、ソ連軍の主力部隊は、時間の経過と共に徐々に上陸に成功しつつあった。竹田浜側防陣地にいた村上少佐は、四嶺山《しれいさん》に設けられた戦闘指揮所へと後退。四嶺山には地下壕が縦横に張り巡らされており、将兵たちは一旦、そこに身を潜めた。これはパラオのペリリュー島の戦いで中川州男《くにお》大佐が実行して以来、日本軍が得意とした戦い方であった。

しかし、この四嶺山陣地にもやがて迫撃砲の集中砲火が始まった。

さらにはソ連軍の歩兵部隊が続々と押し寄せて来る。日本軍は高射砲による砲撃を浴びせたが、敵は四嶺山の裾野に取り付き始めていた。

池田戦車隊の活躍

そんな戦況を一気に変えたのが、池田末男《すえお》大佐率いる戦車第十一連隊であった。同連隊は「十一」という隊号と「士」という字をもじって、「士魂《しこん》部隊」と呼ばれていた。

連隊長の池田は、明治三十三（一九〇〇）年、愛知県豊橋市の生まれ。陸軍士官学校卒業後、満洲の陸軍戦車学校の教官や校長代理などを歴任した。その教え子には、後に国民的作家となる司馬遼太郎《しばりょうたろう》も含まれる。そんな池田が占守島に着任したのは、昭和二十（一九四五）年一月であった。

池田の性格を物語る逸話が幾つか伝えられている。池田は普段から、洗濯などの身の回りのことを部下に任せることなく自分で行っていた。当番兵には、

「おまえたちは私ではなく、国に仕えているのだ」

と諭したという。また、学徒兵たちにはこう言ったという。

「貴様たちは得た知識を国のために活かすのが使命だ。自分たち軍人とは立場が違う」

池田は部下たちから厚い信頼を寄せられていた。

そんな池田が生涯最大の決戦に挑もうとしていた。

だが、四嶺山への出撃には時間を要した。終戦の報に触れた後、車輛の整備はほぼ行われていなかった。火を落としたエンジンには暖気が必要であった。燃料の入ったドラム缶も、

すでに地中に埋めたりしていた。前日には「戦車を海に捨てようか」などと話していたような状況だったのである。

それでも担当兵たちは懸命に作業を進め、戦車を稼働させた。『戦車第十一聯隊史《れんたいし》』によれば、池田は兵士たちを前にこう訓示したという。

〈われわれは大詔《たいしょう》を奉じ家郷に帰る日を胸にひたすら終戦業務に努めてきた。しかし、ことここに到った。もはや降魔《ごうま》の剣を振るうほかはない。そこで皆に敢《あ》えて問う。諸子はいま、赤穂浪士《あこうろうし》となり恥を忍んでも将来に仇《あだ》を報ぜんとするか、あるいは白虎隊《びゃっこたい》となり、玉砕をもって民族の防波堤となり後世の歴史に問わんとするか〉

午前五時三十分、力強い轟音《ごうおん》が鳴り響く中、戦車部隊は前進を開始。速度を上げながら占守街道を北上した。

四嶺山周辺ではすでに激しい白兵戦が繰り広げられていた。本部壕では村上少佐が情報収集に努めていたが、通信が途絶えて孤立していた。

そんな戦況下に姿を現したのが池田戦車隊であった。午前六時二十分頃、池田率いる戦車群が、四嶺山南麓の台地に到着したのである。

日の丸の鉢巻きを締めた池田は、砲塔から上半身を乗り出して指揮したと伝えられる。

戦車隊はソ連軍を次々と撃破。四嶺山を包囲しようとしていたソ連兵たちは混乱に陥り、命令系統を失って竹田浜方面に退却を始めた。この戦車連隊の活躍によって、日本軍は四嶺山を死守することに成功した。

その後、池田連隊は一気に竹田浜に向かって追撃。これに対し、ソ連軍は対戦車砲で迎撃した。しかし、総じて日本軍の優勢であった。

そんな激戦の中、池田の乗る戦車の側面に一発の砲弾が突き刺さった。戦車は一瞬にして炎上。池田も帰らぬ人となった。享年四十四。

停戦

島の各地で激しい戦闘が続いていたが、大本営の決定によって「終戦後の戦闘行為はそれが自衛目的であっても十八日午後四時まで」と定められていた。戦闘期限の「午後四時」が近づいてくる中、樋口は午後一時の時点で大本営に対し、以下のような打電をしている。

〈今未明、占守島北端にソ連軍上陸し、第九十一師の一部兵力、これを邀《むか》えて自衛戦闘続行中なり。敵はさきに停戦を公表しながら、この挙に出るははなはだ不都合なるをもって、関係機関より、すみやかに折衝せられたし〉

これを受けて大本営は、フィリピンのマッカーサー司令部宛てに、ソ連に停戦を促すよう求めた。マッカーサーはソ連国防軍のアントノフ参謀長に停戦を要請。ヤルタ密談の際にはソ連の対日参戦を認めたアメリカも、その後のソ連の横暴さを前にして考えを改めていた。しかし、ソ連軍最高司令部はアメリカからの要請を拒否した。

現地でも日本側は積極的に停戦交渉を試みた。しかし、ソ連側にその意思はなく、交渉は進展しなかった。

そんな中で時刻は午後四時を迎え、これをもって日本軍は優勢のまま戦闘を停止した。この点に関して、樋口は複雑な思いを抱いていたようである。

〈私はこの戦闘を「自衛行動」即《すなわ》ち「自衛の為の戦闘」と認めたのである。自衛戦闘は「不法者側の謝罪」により終熄《しゅうそく》すべきものとの信念にもとづき、本戦争の成果を待った。私は残念ながら、十六時を以《もっ》て戦闘を止めた事を知り、不法者膺懲《ようちょう》の不徹底を遺憾とした〉

この記述によれば、樋口が必ずしも「午後四時停戦」を厳命していたわけではなかった様子がうかがえる。それどころか、午後四時をもって現地軍が銃を置いたことを「遺憾」とまで評している。

結局、現地での停戦交渉はその後も思うように進まず、翌十九日にも散発的な戦闘が続いた。同日の内に日本側は改めて軍使を送り、ソ連側もようやく受け入れ交渉に入った。

最終的な停戦が成立したのは二十一日であった。武装解除は二十三日から始められた。

九月に入って戦場清掃が行われた。池田連隊長の乗っていた戦車が発見されたのは、男体《なんたい》山《さん》北側の斜面である。池田の遺体は、戦車の壁面に凭《もた》れかかるようにして立ったままの状態で見つかった。その姿を目にした内田弘少尉は、手記にこう綴っている。

〈鬼神の如き姿を凝視して思わず愕然《がくぜん》とした〉

日ソ両国のそれぞれの公式記録によると、この戦いにおける日本側の死傷者は六〇〇〜一〇〇〇名。対するソ連側の死傷者は一五〇〇〜四〇〇〇名に達している。

端的に言って、占守島の戦いは日本軍の勝利であった。しかし、日本が国家として敗戦を受け入れていることに鑑み、現地軍は戦闘を止めて武装解除に応じたのである。

分断国家化を防いだ戦い

日本がドイツや朝鮮半島のような分断国家となる道を防いだのが、この占守島の戦いであった。ソ連軍が占守島で足止めされている間に、米軍が北海道に進駐した。多くのユダヤ難民を救出した陸軍中将は、日本が分断国家になる悲劇をも寸前で防いだことになる。

しかし、そんな樋口に対し、ソ連は戦犯容疑者としての身柄の拘束を画策した。ソ連からアメリカに対して「戦犯引き渡し要求」が伝えられたのである。

この樋口の窮地に立ち上がったのが、かつて「ヒグチ・ビザ」によって命を救われたユダヤ人たちであった。彼らはアメリカ各地でロビー活動を展開。ニューヨークに総本部を置く世界ユダヤ協会が中心となって、アメリカ国防総省などに強く働きかけた結果、アメリカはソ連からの要求を退けた。

＊

戦後の樋口は、占守島の戦いについて多くを語らなかった。しかし、孫の隆一さんは、樋口が半ば憤慨した様子でこんな話をしていたことを記憶している。

「日本の歴史家は、日本の負け戦《いくさ》しか書かない。北方でソ連軍に勝った戦闘には、ほとんど目を瞑っている。それはそれで不自然なことだし、非常に残念なことだ」

犠牲となった部下たちを慮《おもんぱか》っての言葉であろう。

樋口はその後も社会の表舞台に出ることなく、家族と共に静かな余生を暮らした。昭和四十五（一九七〇）年には、日本イスラエル協会から名誉評議員の称号が贈られている。

同年十月十一日、樋口は老衰により自宅にて逝去。享年八十二であった。

第七章　軍事裁判

東條英機の最期

事後法による裁判

大東亜戦争終結後、連合国側が日本の戦争指導者に対して課したのが極東国際軍事裁判（東京裁判）である。

終戦直前の昭和二十（一九四五）年八月八日、アメリカの主導によってロンドン協定が締結。同協定によって、戦争を計画・実行した者を裁きの対象とするための「平和に対する罪」という新たな戦争犯罪類型が生み出された。

この「事後法」に沿って、東京裁判は進められることになった。事後法で裁くということは、近代法の根幹である罪刑法定主義に反する行為である。

ちなみに、この裁判では「A級戦犯」という言葉が使用されたが、A級、B級、C級という分類は訴追理由の「種類の別」を表したものであり、「罪状の軽重《けいちょう》」を意味するものではない。

昭和二十一（一九四六）年五月三日から始まったこの裁判において、東條英機《とうじょうひでき》は「日本の戦争は国際法に違反しない」ことを一貫して主張。東條は日本の戦争が「自衛戦争」であることを正面から述べた。

しかし、そんな東條も自らの「敗戦責任」については、これを率直に認めていた。「敗戦によって国家と国民が蒙《こうむ》った犠牲を考えれば、自分は八つ裂きにされても足りない」というのが、彼の思いであった。

東條ら七名が「戦争犯罪人」として「デス・バイ・ハンギング（絞首刑）」と宣告されたのは、昭和二十三（一九四八）年十一月十二日のことである。七名の中には「南京大虐殺の首謀者」と断じられた松井石根《まついいわね》も含まれていた。

判決を聞いた瞬間、東條は軽く頷《うなず》いたという。

判事の一人であったオランダのベルナルド・レーリングは、後にこう語っている。

「彼ら『被告』はそのほとんどが一流の人物でした。全員ではないものの、大多数は傑出した人物でした。海軍軍人、それに東條も確かにとても頭が切れました。（略）一人として臆病ではありませんよ。本当に立派な人たちでした」

一方、東京大空襲や原爆投下といったアメリカ側の行為は、すべて不問に付された。イギリスやフランス、オランダといった国々は、同裁判が行われている最中に、日本軍撤退後の東南アジア諸国への「再侵略」を果たした。ソ連による「シベリア抑留《よくりゅう》」という国際法違反も、その罪を問われることは一切なかった。

教誨師・花山信勝

刑の確定後、東條ら七名は独房での監視体制下に置かれることになった。監視の最大の目的は、自決を防ぐことであった。

そんな七名との個人面談を任されたのが、巣鴨《すがも》プリズン初代教誨師《きょうかいし》の花山信勝《はなやましんしょう》である。一般的に教誨師とは、受刑者に対して道徳や倫理の講話などを行う者のことを指す。

花山は浄土真宗本願寺派の僧侶であり、石川県金沢市に建つ宗林寺《そうりんじ》の十二代目住職であった。仏教だけでなく、キリスト教を含む幅広い宗教に通じていた花山は、東京帝国大学で教《きょう》鞭《べん》を執るなど、宗教学の第一人者としても知られていた。若い頃に二年ほどヨーロッパに留学していた経験もあり、英語も巧みであった。

昭和二十一（一九四六）年一月、花山は巣鴨プリズンの教誨師の役職に内定。それは自ら希望してのことであった。

以来、花山は教誨師として被告たちの心の安穏《あんのん》に努めた。得意の英語を使って、GHQ（連合国軍最高司令官総司令部）側との細かな折衝にも応じた。

昭和二十三（一九四八）年十二月二十一日、刑の執行日時が「十二月二十三日午前零時一分」と告知された。これを聞いた東條は、巣鴨プリズン所長のモーリス・C・ハンドワークに対し、次のような要望を伝えた。

「戦犯とされた者たちの家族は皆、生活に窮しているため、日々の労働作業の労賃を家族に渡したらどうか」

しかし、ハンドワークはその要望を一蹴した。

処刑を約八時間後に控えた十二月二十二日の午後四時頃、花山は東條と面談。東條は笑みを浮かべながら仏間《ぶつま》へと入ってきた。東條は、

「今こそ死に時」

と口にし、その理由として以下のような内容を列挙した。「国民に対する謝罪」「日本の再建の礎石《そせき》となって平和の捨て石となり得る」「陛下に累《るい》を及ぼさず安心して死ねる」

昭和天皇への訴追を回避できたことが、東條にとって最大の慰めであった。

＊

処刑まで二時間半に迫った午後九時半、花山は東條と最後の面談の時間を迎えた。東條は花山に以下の三首を託した。

散る花も落つる木の実も心なきさそふはただに嵐のみかは

今ははや心にかかる雲もなし心豊かに西へぞ急ぐ

日も月も蛍の光りさながらに行く手に弥陀《みだ》の光りかがやく

近づく処刑の瞬間

東條をはじめとする七名との最終面談を終えた花山は、最後の別れへの準備として、仏間にある仏壇とその周囲を改めて掃除した。

午後十一時四十分、七名の内の四名が、米兵に付き添われつつ手錠姿のまま仏間に入室。東條の他、松井石根、土肥原賢二《どひはらけんじ》、武藤章《むとうあきら》という顔ぶれであった。

七名が二組に分けられたのは、絞首台が五基しかなかったためである。

米軍の作業衣姿の四名に、花山は線香を手渡した。四名はその線香を香炉《こうろ》に立てた。

四名は奉書《ほうしょ》に署名することになった。花山は墨汁の瓶を開けようとしたが、蓋《ふた》のコルクが固くて思うように抜けない。花山はやむなく、万年筆用のインク瓶を代用した。

四名は手錠を付けられたまま、筆先をインクで濡らし、それぞれの名前を書した。これが彼らの絶筆である。

その後、花山はコップに注いだワインを四名に勧めた。四名はそれぞれその赤い液体を喉に流した。

東條のみ「おかわり」したという。

ワインを飲み終えた四名には続けてビスケットが供されたが、実際に口を付けたのは松井だけであった。他の三名は入れ歯をすでに外していたことを気にして遠慮した。

四名はその後、コップの水を飲んだ。

刑場に向かう時間は、刻々と近付いている。四名は静かに花山の読経《ときょう》に耳を傾けた。読経が終わると、四名は花山に対して謝辞を重ねた。

四名は最後、最年長の松井の音頭によって「万歳三唱」をすることにした。松井はこの時、七十歳。

「天皇陛下万歳」

という松井の声をきっかけに三唱が行われ、さらに、

「大日本帝国万歳」

との声が続けられた。

執行

やがて刑場へと向かう時間が訪れた。四名は監視の米兵らに対し、

「ご苦労さん、ありがとう」

などと感謝の言葉を述べた。彼らの礼儀正しい態度に感銘を受けた米兵たちが、思わず歩

み寄って握手を求めた。その後、四名は花山に対し、

「あとの家族のことをよろしく」

などと頼んだ。

巣鴨プリズンの北西の隅にある刑場まで、仏間から約八十メートルの距離である。花山と当番将校を先頭にして、土肥原、松井、東條、武藤という順で暗闇の中を歩く。四名は個々に念仏を唱えながら歩を進めた。とりわけ東條の声が大きかったという。

刑場の入り口で、花山と四名は今生《こんじょう》の別れの時を迎えた。花山は、

「ご機嫌よろしゅう」

と声をかけ、銘々《めいめい》と握手を交わした。

午後十一時五十七分、四名は死刑執行室へと消えて行った。

時計の針が深夜零時を回り、日付は十二月二十三日となった。この日が皇太子明仁《あきひと》親王（現・上皇陛下）の誕生日であったことは、極めて示唆的である。

絞首台の手前で手錠が外され、代わりに四名の肉体は革紐《かわひも》で縛られた。

絞首台は地下に身体が落下する「地下式」ではなく、階段を上る「上架式《じょうかしき》」だった。松井を先頭にした四名が、十三段ある階段を上り始める。

所長のハンドワークら立会人が見守る中、四名が各々《おのおの》の落とし戸の上に立った。

零時一分、四名の頭部に黒い頭巾が被せられた。間を置かずして、それぞれの頭部がロープの輪の中に通された。

零時一分三十秒、憲兵司令官の号令により、ルーサーという名の軍曹がレバーを引いた。

その瞬間、踏み板はガタンという音を立てて勢いよく外れた。

*

四名への刑の執行後、板垣征四郎《いたがきせいしろう》、広田弘毅《ひろたこうき》、木村兵太郎《きむらへいたろう》の三名が仏間へと通された。花山は先の四名の時と同様、粛々と事を進めた。

ワインは先の四名と同じものが振る舞われたが、広田は美味しそうにコップ内の最後の一滴まで飲み、板垣はグッと一気に飲み干した。だが、木村だけは半分以上、残したという。

その後、三名は刑場へと向かった。

零時二十分、三名への刑が執行。

計七名、命乞いのような言動を見せた者は一人もいなかった。

一本の空き瓶

一九五一（昭和二十六）年五月三日、米上院軍事外交合同委員会の公聴会の場に立ったダグラス・マッカーサーは、日本の開戦理由についてこう語った。

「彼ら（著者注・日本人）は手を加えるべき原料を得ることができませんでした。日本は絹産業以外には、固有の産物はほとんど何もないのです。綿がない、羊毛がない、石油の産出がない、スズがない、ゴムがない、その他、実に多くの原料が欠如している。そしてそれら一切のものがアジアの海域には存在していたのです。もし、これらの原料の供給を断ち切られたら、日本では一〇〇〇万から一二〇〇万人の失業者が発生し、亡国と化するであろうことを日本政府・軍部は恐れていました。したがって日本が戦争を始めた目的は、大部分が安全保障のためだったのです」

この場合の「安全保障（security）」とは「自衛」の意味である。それはかつて東京裁判で東條が主張した内容と大きく重なる言葉であった。

また、マッカーサーの片腕であったチャールズ・ウィロビーは、東京裁判を評してこう語ったとされる。

「この裁判は、史上最悪の偽善だった。こんな裁判が行われたので、私は息子に、軍人になることを禁止するつもりだ」

＊

東條英機が絞首刑執行の直前に飲んだワインの空き瓶

東條らが最期に口にしたワインの瓶の実物が、かつて花山が住職を務めた金沢市の宗林寺に保管されている。

境内《けいだい》には「聖徳堂《しょうとくどう》」という八角堂が建立《こんりゅう》されているが、その地下室に花山が大切にしていた品々が保存されている。急な勾配の階段を下りていくと、世間とは孤絶したような空間が広がっていた。

琥珀色《こはくいろ》をしたそのワインの瓶は、ガラスケースの中に丁重に収められていた。

ラベルには「Novitiate」という文字が記されているが、この言葉にはキリスト教における「修練」といった意味が込められているという。色褪《あ》せたラベルには「California」の文字も見える。現在、同寺の住職は花山信勝の孫である勝澄《まさずみ》さんが務めている。勝澄さんが言う。

「以前は瓶の中に『飲み残し』があったのですが、今ではすっかり蒸発してしまいました」

勝澄さんによれば、花山は生前、次のような言葉をよく口にしていたという。

「あの七名は〈戦争責任者〉ではあった。しかし、〈戦争犯罪人〉という言葉は適当ではない」

語り継ぐべき花山の切なる声である。

ＢＣ級裁判

モンテンルパ刑務所

いわゆる「ＢＣ級戦犯」とは、連合国側による軍事裁判の結果、戦争犯罪類型Ｂ項「通例の戦争犯罪」、またはＣ項「人道に対する罪」を犯した者として有罪判決を受けた人々のことを指す。

国際司法裁判の形式をとっていた東京裁判とは異なり、ＢＣ級裁判は各国の「軍事委員会」によって行われた。すなわち、判事は軍人であった。

被告はおよそ五七〇〇人にのぼり、約一〇〇〇人が死刑判決を受けた。

＊

フィリピンの首都・マニラから南へ三十キロほど、モンテンルパの丘に建つその施設の正式名称は「ニュー・ビリビッド刑務所」である。しかし、日本の昭和史においては「モンテンルパ刑務所」の名で語り継がれる。

現在も国立の刑務所として機能を果たしているその地から、「トライシクル」と呼ばれるバイクタクシーに乗って、近隣の日本人墓地へと向かった。

その墓地とは、かつてBC級戦犯としてこの地で裁かれた殉難者たちが埋葬された場所である。敷地内には平和観音像や平和記念塔などが立ち並んでいた。

観音像の仏前には折り鶴や生花が手向けられており、その脇には日本語で「友よ安らかにお眠り下さい」と彫られた墓石も見えた。

しかし、管理人に話を聞くと、近年では日本からの参拝者が激減しているという。

「モンテンルパからの帰還者」である宮本正二さん

＊

「モンテンルパからの帰還者」の一人である宮本正二《しょうじ》さんは、大正十（一九二一）年五月二十二日、京都府与謝《よさ》郡の加悦町《かやちょう》（現・与謝野町《よさのちょう》）で生まれた。宮本姓になったのは戦後に結婚してからのことで、本姓は「中西」である。

地元の尋常高等小学校を卒業後、宮本さんは京都市内の繊維関係の店に丁稚奉公《でっちぼうこう》に出た。加悦町は古くから「丹後《たんご》ちりめん」で有名な土地柄である。

昭和十七（一九四二）年一月に応召。その後、第十六師団歩兵第二十連隊の一兵士として、フィリピンへの出征を命じられた。

五月三日、ルソン島西部のリンガエン湾から上陸。以後、首都のマニラなどを経由して、連隊本部のあるルセナという町まで移動した。

ルセナに駐屯中、宮本さんは憲兵試験を受けることになった。志願ではなく、上官からの勧めによる受験であった。

「当時の憲兵試験と言えば、すごく人気がありました。志願者は試験対策の本を何冊も読んで勉強していました。しかし、私は志願したわけでもなかったので、大した準備もしないまま受験しました。確か『フィリピンにある島の名前を知っているだけ書け』といった問題が出たように記憶しています」

合否には自信のなかった宮本さんだが、試験から一週間ほど経ったある日、上官から合格を告げられた。

憲兵隊での日々

宮本さんはマニラの憲兵学校に入校し、憲法や刑法、民法といった法律の他、英語やスペイン語、タガログ語などを学んだ。同校卒業後、宮本さんはマニラ南憲兵分隊に配属された。

「私は学校を出たての下っ端でしたが、軍服ではなく私服を着てマニラの街を歩き、フィリピン人の反日ゲリラや、米比軍などに関する情報を集めました。その他、通貨の安定を図るため、民間人の『ドル売買』の取り締まりなども行いました」

だが、宮本さんは程なくして語学をさらに学ぶ「語学専修生」に選ばれ、憲兵学校に戻ることになった。

昭和十九（一九四四）年の年末、宮本さんはすべての課程を終え、マニラ南憲兵分隊に復帰。しかし、一九四五（昭和二十）年一月、「フィリピンの奪還」を悲願とする米軍の猛烈な反攻が始まったため、ルソン島の北方へ部隊ごと移動することになった。

二月三日には、アメリカ陸軍第十四軍団がマニラ地区に進軍。マニラ各地で激しい市街戦が勃発した。街の中心部に立て籠もる日本軍に対し、米軍は徹底した砲爆撃を敢行。結局、戦闘は三月三日まで続き、民間人を含む多くの死傷者が発生した。市民の犠牲者数はおよそ十万人とも言われるが、正確な数字は不明である。

第十四方面軍司令官の山下奉文《やましたともゆき》大将は、司令部をマニラからルソン島北部のバギオに移し、長期持久戦に持ち込む方針であった。宮本さんの所属部隊も、米軍の空襲を回避しながらなんとかバギオまで辿り着いた。

その後、さらに北方の密林の中へと落ち延びた。途中で食糧が尽きたため、住民が逃げた後の芋畑で命を繋いだ。

そんなある日、米軍から多くのビラが散布された。ビラには「戦争は終わった」と記されていた。宮本さんが当時を振り返る。

「最初は信じなかったんですがね。その内に、上官から正式に敗戦という事実を知らされました」

戦犯容疑

以降、宮本さんの長きにわたる収容所生活が始まった。いくつかの収容所を転々としたが、帰国の日は一向に訪れなかった。

終戦から実に三年近くが経った一九四八（昭和二十三）年六月、宮本さんはマニラの裁判所から突然の呼び出しを受けた。

そこで宮本さんは「戦犯」としての起訴を告げられた。宮本さんが当時の心境を語る。

「実はあまり驚くようなこともなかったんですよ。周囲にそういう仲間が大勢いましたから。その時は、そこまで重大な裁判になるとは思っていなかったのです」

宮本さんの裁判は、翌七月から始まった。収容所と裁判所を専用のバスで往復する日々の始まりであった。

起訴されたこと自体には驚かなかった宮本さんだが、起訴状の内容を確認した時には驚愕《きょうがく》のあまりに身体が震えた。なぜなら「マニラ近郊のアンティポロという町で、十一人ものフィリピン人を不法に殺害した」というまるで心当たりのない容疑だったためである。「現地住民を虐殺した実行者」として、いわゆる「C級戦犯」の容疑者とされたのであった。

「憲兵隊に入る前の新兵の頃、確かにアンティポロに駐留したことはありました。しかし、全く身に覚えがないことでした」

当然、宮本さんは無罪を主張した。

「自分の知らないことですからね。何か他人の話を聞いているような感覚でした」

起訴状にはその事件が起きた時期として「昭和十七年九月或《あ》るいは其頃《そのころ》」と記されていた。しかし、実際の宮本さんは、その時期にはすでにルセナへと移動していた。アンティポロに駐留していた「垣六五五五部隊岡田隊」から、ルセナの連隊本部へと移っていたのである。

検察側の証人の中には、宮本さんがアンティポロにいた際によく食べ物をあげていた少年もいた。日本軍の残飯漁りに来ていた少年だった。

少年は法廷において、

「処刑の現場は見ていない。見ようと思って処刑場まで行こうとしたが、日本兵に途中で『帰れ』と追い返されたので、実際には見ていない」

と証言した。

その後、宮本さんに対して、

「この男がフィリピン人を殺したのを見た」

と証言したのは、一人の見知らぬ老人であった。

「近くに住んでいたというおじいさんでした。結局、その証言がそのまま採用されてしまったのです」

八月十三日、宮本さんに下された判決は「絞首刑」だった。

「諦めと言いますか、もはや衝撃もあまり感じませんでした。良く言えば『大悟《だいご》』『諦観《ていかん》』といったところでしょうか」

宮本さんはその後、マニラ近郊のマンダルーヨンにある米軍施設内の独房を経て、モンテンルパ刑務所に移送された。

教誨師・加賀尾秀忍

モンテンルパ刑務所の入所者には、まず寝具や食器が支給された。死刑囚は一号棟の一階に収監された。部屋は二名か三名の相部屋だった。死刑囚は青い囚人服だったため「青組」と呼ばれた。一方、一号棟の二階に収監された有期・終身刑の者たちは赤い囚人服から「赤組」と称された。

モンテンルパ刑務所において初めての死刑が執行されたのは、一九四八（昭和二十三）年八月十三日のことである。執行されたのは、元陸軍大尉の工藤忠四郎であった。

十一月十日の未明には、寺本徳次と中野静夫の二人に死刑が執行されることになった。宮本さんとは面識のある二人であった。

「寺本さんとは同じ監房だった時期もありました。中野さんは憲兵隊の上官だった人です。フィリピンで『憲兵の中野中尉』と言えば、やり手で有名でした。そんな中野さんが刑場へ連れて行かれる際、鉄格子の前に立って私の名前を呼び、『おい、これから行くぞ。おまえ、しっかりせいよ』と言ったんです。中野さんは最後まで恬淡《てんたん》としていました。私はその時、何と声をかけたらいいのかわかりませんでした。結局、『そうですか』と言っただけ。その時、『日本語というのは言葉が少ないな』と思いました」

その日、宮本さんは次のような一首を日記に書き留めた。


出て行きし友を想ひつ眺むれば明けやらぬ空に星も見えざり

その後、宮本さんは心の安らぎを求めて、獄中でカトリックの洗礼を受けた。

一九四九（昭和二十四）年十一月、真言宗宝蔵院《しんごんしゅうほうぞういん》の住職だった加賀尾秀忍《かがおしゅうにん》が、新たな教誨師としてこの地にやってきた。後に「モンテンルパの父」と呼ばれるこの加賀尾の奔走によって、収監者たちを巡る状況は次第に潮目を変えていく。加賀尾は幅広い助命嘆願運動に尽力した。

終戦から五年目の一九五〇（昭和二十五）年の時点で、モンテンルパ刑務所には死刑囚の他、有期・無期刑囚合わせて一四〇人以上もの元日本兵が収監されていたという。

「あゝモンテンルパの夜は更けて」

その後、最後の執行から二年以上も死刑は行われなかった。日本とフィリピンの国交は回復していなかったが、国際的には戦後処理を巡る講和条約の締結に向けた交渉が進展しており、刑務所内には一種の弛緩《しかん》した雰囲気さえ漂うようになっていたという。

そんな中で迎えた一九五一（昭和二十六）年一月十九日、十四名の死刑囚が夕食後に呼び出された。看守からは、

「刑務局長との面会」

と伝えられた。当時の刑務所内では「減刑」の噂も立っており、周囲は、

「減刑か、帰国だ」

と沸き立った。

十四名の内の十三名は「中村ケース」と呼ばれるセブ島での村人殺害事件の犯人とされた者たちだった。しかし、その内の少なくとも六名は、セブ島に行ったことさえなく、冤罪《えんざい》の可能性が強く疑われていた。宮本さんはこの時のことをこう語る。

「減刑だという声が上がったのですが、私の中では『執行ではないか』という不安も少しありました。とにかく心配で朝まで眠れなかったのをよく覚えています」

明け方、加賀尾が戻ってきた。そして、その夜に起きたことの一部始終を話してくれた。それは、十四名がそのまま処刑されてしまったという事実だった。ある者は、

「天皇陛下万歳」

と叫び、またある者は、

「死にたくない」

と絶叫したという。

この日以降、残された死刑囚たちは改めて死の影に怯《おび》えるようになった。

そんな彼らのため、加賀尾は歌をつくることを思い立った。収監者たちの手による曲づくりが始まった。

昭和二十七（一九五二）年九月、「あゝモンテンルパの夜は更《ふ》けて」のタイトルで発売されたこの曲は、日本国内で大きな反響を呼んだ。歌ったのは人気歌手の渡辺はま子である。

モンテンルパの夜は更けて
つのる思いに　やるせない
遠い故郷《ふるさと》しのびつつ
涙に曇る　月影に
優しい母の　夢を見る

この歌を契機として、助命嘆願運動は一挙に拡大。同年十二月には渡辺はま子がモンテンルパ刑務所を訪れた。宮本さんが言う。

「小さなステージをつくって、花で飾りました。渡辺さんの歌を聴きながら、泣いている者も多くいました。皆で声を揃えて歌ったことを覚えています」

その後、収監者たちの帰国がようやく決定。昭和二十八（一九五三）年七月二十二日、宮本さんたちを乗せた「白山丸《はくさんまる》」が、横浜港の大桟橋《だいさんばし》に着岸した。

日本を出た時、二十歳だった宮本さんは、すでに三十二歳になっていた。

第八章　抑留

シベリア抑留

ソ連による国家犯罪

いわゆる「シベリア抑留《よくりゅう》」とは、スターリン指導下のソ連が犯した明確な国際法違反である。

終戦後の昭和二十（一九四五）年八月二十三日、スターリンは「第9898号決定」に基づき、「日本人将兵五十万人を捕虜とせよ」との旨を発令した。

占守島《しむしゅとう》の戦いでの躓《つまず》きから北海道の占領を諦めたスターリンは、日本人の強制連行へと舵《かじ》を切った。長きにわたった独ソ戦によって国力を大きく疲弊《ひへい》させていたソ連は、大量の労働力を欲していた。また、スターリンには日露戦争に端を発する「対日報復」の思いも強かったとされる。そんな中で国家的な「拉致《らち》」計画は実行に移された。スターリンは「捕虜」という言葉を使ったが、実際には「終戦後の拘束」であることから国際法上の捕虜でさえない。

ソ連は武装解除に応じた満洲各地の日本軍将兵たちを、一〇〇〇人単位の大隊に振り分けた上で強制連行。連行された日本人の中には、軍人だけでなく民間人も含まれていた。また、樺太《からふと》や占守島で戦った将兵たちも抑留の対象とされた。

このようなソ連の行為は「武装解除した日本兵の家庭への復帰」を保証したポツダム宣言

第九項に違反する。また、民間人を連行した点は、当時の国際慣習法にも反する。

＊

宮崎清さんは大正十三（一九二四）年の生まれ。東京の雪ヶ谷《ゆきがや》の出身である。京王《けいおう》商業（現・専修大学附属高等学校）在学中は野球部に所属し、エースとして夏の甲子園大会にも出場した。サイドスローからの「シュート」が得意の決め球だった。

昭和十八（一九四三）年十二月、宮崎さんは同校を卒業。しかし、宮崎さんは野球への思いを諦められなかった。宮崎さんは仕事と野球を両立できる職場を探した。

すると京王商業の二つ上の先輩が、満洲電信電話株式会社（満洲電電）の野球部に在籍していることを知った。満洲電電は満洲国及び関東州の電気通信事業を統一して運営していた国策会社である。

宮崎さんはその先輩を頼るかたちで渡満を決意。父親は反対したが、宮崎さんは野球への情熱を貫くことにした。

昭和十九（一九四四）年一月、満洲へと出発。当初は渡満に反対していた父親も、餞別《せんべつ》として真新しいハーモニカをプレゼントして送り出してくれた。

宮崎さんは満洲電電の系列会社の野球部に入り、そこでも投手になった。満鉄の野球部や、朝鮮の「オール京城《けいじょう》」といったチームと試合をしたという。

寂しい時には、父親からもらったハーモニカを吹いた。「故郷」「誰か故郷を想わざる」といった曲を自然と選んでいた。

強制連行

昭和二十（一九四五）年五月、宮崎さんは現地で応召し入隊。満洲国の綏芬河《すいふんが》という場所で初年兵生活に入った。綏芬河はソ満国境の地である。

宮崎さんは陣地構築などの軍務に追われた。山砲《さんぽう》を分解して山上まで運んだり、ソ連軍の動向を観測する任務などにもあたった。

上官からの指導は常に厳しいものだった。宮崎さんの右肘は幼少時の怪我の影響で少し曲がっていたが、そのことが災いしたという。

「銃剣での訓練などの時、『肘が伸びていない』というので軍曹から怒られるんです。よく殴られましたよ。いじめられましたね」

八月九日、ソ連軍が満洲国に侵攻。ソ連と国境を接する綏芬河にも緊張が走ったが、宮崎さんの所属部隊が駐屯していた山中は、主戦場から一キロほど離れていた。宮崎さんは戦闘に参加することはなかったという。

程なくして八月十五日を迎えたが、宮崎さんが終戦を知ったのはそれから一週間ほど経った頃であった。

「私たちの部隊は、八月下旬になって『どうやら戦争が終わったらしい』ということで、ようやく山を下りたんです」

敗戦について宮崎さんはこう語る。

「当たり前だなと思いましたよ。というのも、関東軍は次々と南方へと転出して行き、満洲に残っているのは私のような初年兵か、もしくは年取った補充の兵ばかりといった状況でしたから」

中川州男《くにお》大佐率いる精鋭の歩兵第二連隊などが太平洋戦線に抽出《ちゅうしゅつ》されたのは、第三章で記した通りである。当然の帰結として、満洲における守備力は大きく減じていた。

その後、宮崎さんの部隊は牡丹江《ぼたんこう》へと後退し、そこで武装解除に応じた。

（ようやく帰れる）

そう思った宮崎さんだが、現実は残酷だった。

宮崎さんの部隊は徒歩で鉄道の駅まで向かった後、そこから貨車に乗せられた。当初は、

「ダモイ（帰国）」

とソ連兵から言われたが、貨車が実際に向かった先はシベリアであった。

「ウラジオストクの奥地だとは思うのですが、正直、地名さえもよくわかりません。自分たちがどこにいるのかもわからないというのは、やっぱり不安なものでした」

こうして宮崎さんの抑留生活が始まったのである。

重労働と飢餓

シベリアでの日々について、宮崎さんの追想が始まる。

「森林を伐採する作業が、私たちに課せられた仕事でした」

作業は二人一組で行われた。「ピラー」と呼ばれる半月型の大きなノコギリの両端を二人で持ち、それを引いて松や杉の大木を切る。初めはやり方もわからず、作業ははかどらなかった。

しかし、一日に何十平米というノルマがあった。ノルマを達成できないと、ただでさえ少ない食事の量をさらに減らされた。

友人の一人は、倒れた木の下敷きになって命を落とした。

「逃げようとしても、身体が衰弱していて動けなかったのかもしれません。むごいものだと思いましたね」

冬になると、気温はマイナス四〇℃まで下がった。宮崎さんは、

（この世の地獄だ）

と思ったという。

崖に掘られた横穴が、宮崎さんたちの寝床であった。伐採作業をしている関係上、薪《まき》だけは豊富にあったため、火を絶やさないようにしてなんとか暖をとった。

抑留者を悩ませたのが、ノミやシラミだった。身体中に赤い斑点ができ、寝ている間も耐え難い痒《かゆ》みに襲われた。

「いわゆる南京虫《なんきんむし》がひどかったですね。あれに血を吸われるんです。とにかく痒くて痒くて」

しかし、最もつらかったのは、やはり食糧の不足であった。ソ連側は抑留者たちへの「給食基準」を設けていたが、実際にそれらが守られることはなかった。抑留者たちは空腹を満たすため、蛇やトカゲなど、見つけた生き物は何でも食べた。

やがて皆、骨と皮だけのような身体となった。中には、逆に身体のあちこちがむくむ者もいたという。

稀《まれ》に塩が支給されたが、抑留者たちは、

「塩を大事にしないと生きていけない」

と話し合って大切にした。自分たちでつくった小さな袋に塩を入れ、それを少しずつ舐《な》めた。

野生の松の実も口にしたが、食べ過ぎると下痢を起こした。下痢になることは死を意味した。

結局、約一〇〇〇人いた仲間が翌年の春には一〇〇人ほどにまで減っていたという。

近くの谷間が一応の埋葬地となったが、土が凍ってコンクリートのように固まっており、穴を掘ることもできなかった。仕方なく雪をどけて遺体をそこに置くと、やがて豪雪に埋もれて見えなくなった。

しかし、春先になって雪が溶けると、遺体が姿を現した。腐敗した臭いにカラスなどが集まってくる。そんな群がってきた生き物たちを捕まえて食糧にした。

宮崎さんを支えたのは「何が何でも帰る」という気持ちであった。

*

抑留生活は実に三年以上にも及んだ。

宮崎さんが帰国の途に就いたのは、昭和二十四（一九四九）年のことであった。

ソ連極東のナホトカ港から引揚船で舞鶴《まいづる》港に向かった。日本の大地が見えてくると、青い松並木が目に映えた。

「シベリアで毎日、松の木を伐採していましたが、シベリアと日本の松は違いますからね。真っ青な枝をした松が、無性に懐かしかったですね」

多くの抑留者たちの「祖国での第一歩」の地となった舞鶴港は、昭和二十（一九四五）年十月七日に引揚船の第一号となる「雲仙丸《うんぜんまる》」を迎え入れて以降、引揚港として重要な役割を担った。同港は終戦から最後の引揚船が入港した昭和三十三（一九五八）年までの十三年間で、六十六万人以上もの引揚者と、約一万六〇〇〇柱《はしら》のご遺骨を迎えたとされる。

船から降りると、宮崎さんは出迎えの婦人会の人たちから、

「長い間おつかれさま」

と次々に声をかけられた。宮崎さんは、

（日本語は美しいなあ）

と感じたという。

秘密の告白

結局、ソ連によって強制連行された抑留者の総数は約五十七万五〇〇〇人に及ぶとされる。

一九九三（平成五）年、ロシアのボリス・エリツィン大統領はシベリア抑留について、

「非人間的な行為」

と述べて謝罪の意を表した。

しかし、ロシア側は今も充分な史料の公開には及んでいない。

＊

以下は一つの告白録である。

実は私は宮崎さんへの取材時、一つの秘話を聞いていた。しかし、その話は宮崎さんからの、

「これだけは書かないでください。私が亡くなったら好きにしてくれていいですから」

という懇願があったため、以前に書いた原稿ではこの部分を曖昧な表現に留めておいた。

宮崎さんはその後に逝去された。よって、ここにその逸話を記録したい。

その日、私は宮崎さんのご自宅近くの喫茶店でお話をうかがっていた。そして、取材が終盤に差し迫った頃、宮崎さんが俯《うつむ》きながら次のような話を語ってくれたのである。

「実はですね、本当にひどい話なのですが、皆、極限まで腹が減っていますからね。それで、亡くなったばかりの戦友の遺体をですね、まあ、その、ね」

私の脳裏に哀しき場面の想像が浮かんだ。察しは充分についた。しかし私は職業上、さらなる言葉を引き出さなければならなかった。

「どういうことでしょうか？」

私の残酷な問いかけに、宮崎さんが言葉を継いだ。

「そう、ですからね、こういうことですよ。つまり、食べるわけなんですよ。そう、食べるんです。友の肉を。わかりますか？」

しばし、沈黙の時間が流れた。私はゆっくりと頷いた。私は宮崎さんの口から発せられた言葉の重みに押しつぶされそうになりながらも、さらに必要となる非情な確認を加えた。

「それは宮崎さんも口にされたという理解でよろしいでしょうか」

宮崎さんは力なくこう答えた。

「そうです。その通りです」

宮崎さんは寂しげに続けた。

「ひどいもんですね。しかし、生き残るためには他に方法がなかったんです。信じられますか？　食感は今でも記憶にありますよ。味なんかないですよ。もう何もわかりませんよ」

飢餓状態にある抑留者たちは、こうして自らの命脈を繋いだのである。

「それが抑留の真実です。私たちは間違っていたのでしょうか」

老翁の問いかけに、私は小さく首を横に振ることしかできなかった。

カザフスタン抑留

知られざる抑留

一般的に「シベリア抑留」という言葉が国内に定着してすでに久しいが、実はソ連によって邦人が強制連行された先はシベリアだけではなかった。

言わば「非シベリア抑留」である。

その実態はシベリア抑留と比べ、あまり知られていない。しかし、抑留者たちの味わった悲惨な日々は、シベリア抑留と同様にしっかりと語り継ぐべきものである。

その中の一つ「カザフスタン抑留」について触れたい。

中央アジアに位置するカザフスタンは、日本の約七倍もの国土を有する広大な国家である。終戦時の国名は「カザフ・ソビエト社会主義共和国」。ソ連邦の構成国の一つであった。

この巨大な社会主義国家にも、多くの日本人が連行された。

同国における抑留の実像は、長く公的資料が「極秘」の扱いだったために詳細がわからなかった。しかし、二〇一九（令和元）年八月、カザフスタン共和国大統領公文書館が複数の資料の公開に及び、その内実の一部が明らかとなった。それらの資料を丁寧に確認していくと、これまで謎とされていた実相が少しずつ浮かび上がってくる。

例えば「カザフスタン共和国（ボリシェビキ）中央委員会ビューロー」（カザフスタン大統領公文書館文書庫708、目録1／1、保管8番）によれば、スターリンによる「第9898号決定」後の八月二十八日、カザフスタンは中央委員会において「九月十五日までに捕虜を受け入れるための住居、食堂、拘置所及び他の勤務・生活建物の建設と準備を完了させ、冬の条件でも働けるよう適応させる」ことを決定したとある。さらに「捕虜を受け入れる企業から責任者を速やかに選択し、カザフ・ソビエト社会主義共和国内務人民委員部へ派遣する」とも記されている。内務人民委員部とは警察組織や諜報《ちょうほう》機関などを統括する組織であるが、日本人抑留に関しても同組織が指導的な役割を果たしていた様子がわかる。

このような基本計画に沿って実施されたのが「カザフスタン抑留」であった。

日本の厚生労働省の調査によれば、同国における抑留者の総数は約三万七〇〇〇人に及ぶとされる。その内、少なくとも一五〇〇人ほどが命を落としたと推定されている。

シベリアの陰に隠れているが、決して無視できない規模である。

炭鉱の町・カラガンダ

当時のカザフスタンの首都であったアルマアタ（アルマティ）に送られた日本人抑留者は、主に街の中心部での建設工事を命じられた。

今も残る国会議事堂（現・カザフ英国技術大学）や科学アカデミー、キーロフ重機工場などの建物は、彼らの手によって建てられたものである。

一方、同国における抑留者の最大の受け入れ先となったのが、炭鉱都市のカラガンダであった。カラガンダは元来、ソ連国内で摘発された政治犯や刑事犯が送られる大規模な流刑地《るけいち》であった。この地だけで実に二十を超える収容所があったとされるが、そこには欧州戦線から連行されてきたドイツ人やイタリア人の姿も少なくなかったという。

そんなカラガンダで主に課せられたのは、やはり炭鉱労働であった。そんな抑留者の一人である前多義雄さんは、当時の様子を後にこう綴《つづ》っている。

〈炭坑内作業には採炭係と運搬係がある。最初はこの採炭係になった。（略）入坑する時は傾斜坑内を歩いて二キロメートルほど進むと現場に到着する。ここではベルトコンベアが回っている（スキー場のリフトのようなもの）。これに数メートル置きに一トンのワゴン車が載せられている。往のワゴン車は空、復は石炭を山盛りにする。（略）とにかく私は荒れていた。ヤケクソだった。望みも何もない、どうにでもなれの心境だった〉

炭鉱内では落盤事故などが相次いだ。不慮の事故によって、多くの抑留者たちが望郷の思いを抱えたまま無念の最期を遂げた。

カラガンダ抑留者の中には、炭鉱ではなく街のインフラ整備に動員された者たちもいた。石川県能美《のみ》郡出身の山本利男さんは、カラガンダ近郊のチメルタウという町の建設現場で肉体労働を強いられた。山本さんは当時のことを、こう記録している。

〈街造りはこれからという状況で、私達日本人捕虜千人はこれからこの町の建設要員として投入されることになったのである。ここは一年の半分は冬で、十月下旬から翌年の四月下旬までは湖が完全に凍結して湖上をトラックが走行する。（略）捕虜は野外の土木作業が主体で、私達は防寒具に目玉だけ出しての重作業だったが、まつげが凍って雪ダルマのようになった〉

＊

起床は午前六時。朝食はコーリャンや大麦のお粥《かゆ》であった。その際、昼食用として三五〇グラムの黒パンが渡されたが、空腹のために一緒に食べてしまう者が大半だった。ライ麦を原料とした黒パンは、小麦のパンと比べてかなり硬く、酸味が強かった。抑留者たちは「煉《れん》瓦《が》パン」などと呼んだ。

午前七時、営庭に集合し、作業場まで一時間ほどかけて歩いて向かう。労働は昼の一時間の休憩を挟み、午後五時まで行われた。午後九時過ぎまで残業になることも珍しくなかった。

作業が終わると現場主任がその日の作業量を測定し、それによって夕食の黒パンの量が決定された。山本さんはこう記す。

〈これらの作業は、防寒具を着た零下数十度の極寒の中、しかも空腹、栄養失調の中で行った。（略）身体の弱い者や下痢等起こした栄養失調の戦友達が次々に斃《たお》れて逝った〉

抑留者たちは、

「絶対に生きて祖国に帰ろう」

と励まし合った。誰もが生き残るために必死だった。

しかし結局、カラガンダ全体で七一四人もの日本人抑留者が犠牲になったとされる。

銅の精錬所での記録

菅《かん》多喜雄さんは大正八（一九一九）年三月二十八日、愛媛県越智《おち》郡で生まれた。

逓信省《ていしんしょう》で通信の仕事をしていた菅さんは昭和十五（一九四〇）年二月、満洲国の新京《しんきょう》に駐屯する電信第三連隊に現役兵として入隊。一年間の初年兵生活を終えると、関東軍司令部内の軍通信所での軍務に就いた。昭和十七（一九四二）年十二月に満期除隊となったが、軍からの強い要請を受け、その後も軍属として通信の仕事を続けた。軍属とは軍人以外で軍隊に所属している者のことを指す。

そんな菅さんの悲劇が始まったのは、敗戦後のことであった。

九月中旬、菅さんは新京駅から貨物列車に押し込まれた。行き先はわからなかった。出発から約二週間後、列車が到着したのはカザフスタンのバルハシという町であった。

バルハシは銅の産出地だった。抑留者たちは銅の掘削、資材の運搬、荷下ろしなど、様々な労役を強いられた。菅さんは精錬所での労働を課せられた。菅さんは当時の心境を次のように記している。

〈これも日本の敗戦の結果でありやむを得ないのかと思いながらも、奴隷同様の日々の生活には強い憤りを覚えると同時に、身の不運さをつくづくと嘆いたものであった〉

冬には「零下二五℃以下になれば作業は休み」という規定があったが、それが守られたことは一度もなかった。抑留者の中には、顔や手足に重度の凍傷を患う者が続出した。

食事は米粒がわずかに浮かぶ程度のお粥や、黒パンなどがメインだった。

ノルマを達成できないと食事の量を減らされた。約一ヶ月にもわたって昼食抜きだったこともあった。

菅さんは栄養失調と疲労から、重度の黄疸《おうだん》に悩まされた。死を覚悟したことは、一度や二度ではなかった。

＊

やがて菅さんは、四十人ほどから成る作業小隊の隊長を命じられた。

一九四七（昭和二十二）年の春のある夜、菅さんは係官に呼び出された。その係官は、日本語の堪能な朝鮮人だった。係官は菅さんにこう言った。

「反共的な人物を密告しろ」

すなわち「スパイ活動をせよ」という意味である。このような「相互監視」は、当時の共産主義圏で駆使された手法の一つであった。菅さんはこの時の苦衷《くちゅう》をこう表現する。

〈私としては、どのような目に遭おうとも遠く離れた異郷の地で生死や苦楽を共にしている同胞を売るわけにはいかないので、そのまま放置していると、数ヶ月ごとに呼ばれては、なぜ報告しないのかと責められた。私は、その都度差し障りのない報告をしては何とかその場を繕《つくろ》い、難を逃れてきた。このような苦い体験は恐らく他の人にはなかったものと思われるが、私にとってはどんな作業よりもなお辛い大きな精神的な苦痛であったとともに、呪縛《じゅばく》に等しいものでもあった〉

菅さんの帰国が叶ったのは、一九四八（昭和二十三）年十一月一日。抑留生活は実に三年余りにも及んだ。

カザフ人が語る抑留

カザフスタンの現在の首都であるヌルスルタンで、抑留に関する話を聞いた。文学批評家で女流作家のアリア・ボテジャノワさんはこう語る。

「日本人を抑留したことは、忘れてはいけない歴史の大きな問題です。第二次世界大戦後、多くの日本人が抑留者としてこの地に連行されてきました。カザフ人の中には『抑留者の世話をしたい』『日本人を助けたい』という人々もいました。しかし、ソ連はそんなカザフ人を次々と逮捕したのです。カザフ人もソ連による政治的な抑圧下にありました」

『カザフ文学新聞』の編集者であるダウリン・ワットさんは次のように話す。

「カザフスタン最大の都市であるアルマティの住民は、アラタウ山にある湖から水路で運んだ水を生活用水として今も使っていますが、その水路をつくったのは日本人抑留者です。私たちは今でもその恩恵を受けているのです」

日本人抑留者たちが残した建造物やインフラの多くは、今もカザフスタン各地で住民の生活を支えている。

同国では近年、冷戦時代の施設や建物の老朽化が社会問題となっているが、そんな中で日本人抑留者が残した建造物の大半が今なおその威容を保っている。アルマティ在住のカザフ人で、日本文学の研究をしているジルキバエワ・シャラフアットさんは、巧みな日本語でこう語る。

「カザフスタンでは『日本人は強制労働なのに真面目に仕事をした』という話が広く知られています。カザフスタンでの日本人のイメージはとても良いものですが、それには抑留の話も関係していると思います」

＊

カザフスタンで命を落とした抑留者のご遺骨は、その多くが当地に埋葬されたままになっている。

現在、カザフスタン国内には日本人抑留者の埋葬地が五十三ヶ所あるとされる。ただし、その中で場所を特定できているのは十二ヶ所に過ぎない。令和元（二〇一九）年六月、現地で遺骨調査を行った全国強制抑留者協会の事務局長である吉田一則さんはこう語る。

「カザフスタンでは、日本人抑留者がドイツ人などと『混葬』されているケースが大半です。発見したご遺骨は、カザフ人の鑑定人が時間をかけて骨の特徴を調べ、モンゴロイドかどうか確認していきますが、ＤＮＡ鑑定までは行われていないのが現状です。ですから、どの民族の骨なのか、なかなか確定できません」

シベリア抑留だけでなく「非シベリア」の地における悲劇にも、私たちは丁寧に目を向けていく必要がある。

カザフスタン抑留を歴史の闇《やみ》に埋没させてはならない。

モンゴル抑留

一〇二歳が語る惨劇

モンゴルの首都・ウランバートルで暮らすR・ダンザンさんは終戦時、十一歳の少年だった。彼はある日、街の中心部を父親と歩いていた際、とある工事現場で異様な雰囲気を漂わせた集団を見た記憶があるという。

「皆、汚れた服装をして、すごく痩せていたので驚いた記憶があります。父親に『あの人たちは誰?』と聞いたら『戦争に負けた日本人だよ』と。父は『こんな遠い所まで連れて来られて可哀想だね』と同情していました」

抑留の悲劇は、モンゴルにまで及んでいた。モンゴルに抑留された日本人の総数は、およそ一万二〇〇〇~一万五〇〇〇人に達するとされる。そのうち、一五〇〇~三〇〇〇人ほどが亡くなったと推計されている。

＊

山田秀三さんは大正六(一九一七)年九月二十二日、富山県東礪波郡《ひがしとなみぐん》(現・南砺市《なんとし》)にて生まれた。取材時、一〇二歳である。

歩兵第三十五連隊の上等兵だった山田さんは、満洲の錦州《きんしゅう》にて敗戦を迎えた。部隊はソ連軍による武装解除に応じた。

山田さんは九月、有蓋《ゆうがい》貨物車に押し込まれた。列車の行き先は告げられなかった。結局、下車を命じられたのは、阜新《ふしん》という駅であった。阜新は石炭の露天掘りで有名な地で、町の郊外には大きな火力発電所があった。山田さんはこう語る。

「発電所で使われていた日本製のタービンを解体して、その部品をソ連行きの貨物列車に積み込むことが私たちに命じられた仕事でした。ソ連という国は、どさくさに紛れて大胆なことをするものだなと驚きましたよ。そこで二ヶ月ほど働かされました」

ソ連は「人」だけでなく、満洲や朝鮮半島から大量の設備や物資を「戦利品」として自国内に移送していた。山田さんたちはその手伝いを担わされたわけである。

作業が終わった十一月初旬、山田さんたちは再び列車に乗せられた。気候も日に日に厳しくなり、列車内も酷寒の状態となった。

そんな中、逃亡者が三名出た。夜中に窓から脱出して、逃

モンゴルに抑留された山田秀三さん

亡を図ったのである。しかし、三名はあえなくソ連側に拘束されてしまった。

三名はハルビン駅で抑留者たちの目の前に引きずり出された。山田さんは言う。

「三人ともまだ十代くらいの少年でした。三人は後ろ向きにされ、我々の目の前でマンドリン銃（著者注・短機関銃）によって射殺されました。『逃げた者はこうなる』という見せしめですよ。本当に憐れでしたね」

極寒の洞穴生活

列車はその後も西へ向かって走り続けた。

「食糧の配給は全くありません。私は乾パンと生米を少しだけ持っていたので、それらをちょっとずつ齧《かじ》りながら過ごしました。水だけは時々、途中駅で給水の指示が出ました。その時に飯盒《はんごう》に水を貯めるわけです」

強制連行に際してスターリンは「食糧は捕虜に持参させよ」と命じていた。この命令は忠実に守られた。

列車内ではついに栄養失調や疾病などによる死亡者が出始めた。遺体は停車中に車外へと捨てられた。

結局、山田さんたちが連行された先は、シベリアではなくモンゴルであった。

当時の正式な国名を「モンゴル人民共和国」という。モンゴルはソ連の後押しによって一九二四（大正十三）年に建国された「世界で二番目の共産主義国家」であった。一九四五（昭和二十）年八月九日にソ連軍が満洲国に侵攻すると、モンゴルはこれに同調。翌十日、対日参戦に踏み切った。

終戦後、モンゴル政府は「日本人抑留者の一部譲渡」をソ連に要請し、了承を得た。こうして実現したのが「モンゴル抑留」であった。

ソ連軍からモンゴル軍に引き渡された山田さんたちは、草原の中に点在する幾つかの洞穴《どうけつ》内に押し込まれた。それらの洞穴は野菜の貯蔵庫として使われていた場所だという話だった。

季節はすでに十二月に入っており、気温は零下三〇℃ほどにまで下がった。洞穴内に暖房設備などはなく、支給されたのは一枚の毛布だけだった。

そんな抑留生活の一日は、まず水の確保から始まった。

「毎朝、毛布を首から巻いて、ずっと遠くの川まで歩いて行くんです。もちろん、モンゴル兵の監視付きです。川は立派な大河でしたが、その川面《かわも》が凍っているわけですね。その氷を砕いて、欠片《かけら》を毛布にくるんで持ち帰る。その氷が飲み水や炊事に使われるわけです」

食事はコーリャンの雑炊《ぞうすい》などであった。

「食事は一日に一回程度。本当にひどいものでした。ずっと腹を空かしていましたが、どうしようもありません。寒くて、ひもじくて、つらい思いをしました」
そんな極限の日々の中で、抑留者たちは次々と息絶えていった。遺体は一ヶ所に集められたが、大地が凍っていて埋葬することさえできなかった。遺体はすぐに凍り付いた。

暁に祈る事件

斎藤由信さんは大正十三（一九二四）年一月、大分県の臼杵町《うすきまち》（現・臼杵市）で生まれた。彼もまた「元モンゴル抑留者」である。

斎藤さんは終戦時、満洲国の承徳《しょうとく》にあった憲兵隊本部で憲兵伍長を務めていた。
終戦後、斎藤さんは上層部からの指示により、「吉分文男《よしわけ》」という仮名を使用することになった。陸軍軍人や軍属の犯した違警罪の処分を行う憲兵部は、戦時中から一般兵に疎《うと》まれる存在であったため、終戦後は報復を避ける目的で偽名の使用が奨励された。

そんな斎藤さんの抑留された先がモンゴルであった。スフバートルの収容所を経て、斎藤さんはウランバートルの通称「吉村隊」と呼ばれる部隊に入れられた。

元陸軍憲兵曹長の吉村久佳《ひさよし》は、その収容所の「日本人隊長」の役を任されていた。「吉村久佳」という名前も偽名であり、本名は「池田重善《しげよし》」である。同じ憲兵出身とはいえ、斎藤さんと吉村との間に直接の面識はそれまでになかった。

吉村は部下たちに対し、極めて厳しいノルマを課した。それを果たせなかった者には、理不尽な処罰を重ねた。

昭和二十二（一九四七）年一月中旬のある日、斎藤さんは突然、当番兵に呼び付けられた。

「隊長殿が呼んでいます。すぐに来てください」

隊長室に入った斎藤さんの視界に飛び込んできたのは、一人の若者が後ろ手に縛られ、跪《ひざまず》いている姿であった。それは斎藤さんの部下の一人であった。吉村は怒気に充ちた声で、斎藤さんにこう言い放った。

「貴様、何をしておるか！　夕べ、あれだけ気を付けろと言っておいたのに！」

聞けば、この若者が脱走を企てたという話であった。しかし、斎藤さんは数日前に分隊長に任じられたばかりで、新たに部下となったこの若者の名前さえまだ把握できていないような状況だった。ただ、この痩せこけた脱走者は以前にも同様の行為を試みたということで、確かに「注意しろ」と吉村から命じられていたのである。

斎藤さんはこの兵に見張りを付けるよう部下に命じていたのだが、朝食の時間に脱走しようとしたのだという。吉村は斎藤さんに、

「貴様も今夜から営倉《えいそう》に入れ。当分の間、絶食だ」

と叫んだ。

こうして斎藤さんは懲罰房である営倉に放り込まれた。そこは別棟の見窄《みすぼ》らしい小さな小屋だった。営倉内には先の脱走者を含む三人が、すでに力なく座り込んでいた。

斎藤さんも腰を下ろして壁に凭《もた》れたが、あまりに寒くて耐えられない。そこで斎藤さんは営倉内で「駆け足」を始めた。腹は空いていたが、休憩を挟みながら駆け足を続けた。すると、毎晩午後十時に鳴るサイレンが聞こえてきた。

(まだ十時か。このまま朝までここに居たら、凍え死ぬかもしれない)

そう感じた斎藤さんは一計を案じた。気絶を装ってその場に倒れ込んだのである。営倉内の三人が、

「分隊長が倒れた!」

と大声で叫び、間もなく当番兵がやってきた。

斎藤さんは衛生兵の診断を受けた。衛生兵は、

「熱はないようですが、脈が早いので危ないかもしれません」

と吉村に報告した。斎藤さんはこの時のことをこう言って苦笑する。

「駆け足の影響で、脈拍が乱れていたことが幸いしたのかもしれません」

こうして斎藤さんの仮病は奏功し、いつもの部屋に戻ることができた。

だが、絶食の処分は解かれなかった。絶食が始まって二日目の夕方、斎藤さんは周囲の眼

を盗んで医務室へと向かった。日本人軍医に事情を話すと、奥の部屋に通された。するとその軍医は、鍋の底に残っていた飯を食器に盛って出してくれた。斎藤さんはその飯を掻《か》き込んだ。

その翌日も朝、昼と続けて食事を抜かれた。石切りの作業を終えて収容所に戻ったが、もはや限界であった。斎藤さんは隊長室に赴き、吉村に頭を下げて許しを請うた。

こうして絶食処分は解かれた。屈辱であった。しかし、生きるためには已《や》むなきことであった。

＊

吉村は「暁《あかつき》に祈る事件」を起こした者としても名を残す。

吉村の命令により、樹木などに縛り付けられた隊員が明け方には瀕死《ひんし》の状態となり、頭《こうべ》を垂れて朝日に祈るような姿になったことからこの事件名は生まれた。「暁に祈る」とは戦時中の流行歌の題名である。

帰国後に行われた裁判の結果、「吉村」こと池田は、遺棄致死傷と逮捕・監禁の罪により有罪判決を受けた。しかし、彼は三年間の服役を終えた後も、昭和六十三（一九八八）年に七十三歳で亡くなるまで冤罪を主張し続けた。

斎藤さんはこの事件についてこう語る。

「収容所から使役に出る時、営門の脇の木に縛られている兵の姿を私も実際に見たことがあります。その姿は、確かに『暁に祈っている』ようにも見えました。ソ連人やモンゴル人にやられるのならともかく、日本人が日本人に対して行っているのですから、本当に哀しくて悔しい思いをしました」

斎藤さんが続ける。

「それに引き換え、吉村はいつも暖かそうな毛皮を着て、身体も肥えて太っていました。もう亡くなっている人のことをとやかく言うのは良くないかもしれませんが、私はやっぱりどうしても『あいつ』を許せません」

「あいつ」という言葉の響きに、斎藤さんの感情の凝縮を感じた。

ただし、そんな吉村のことを「抑留以前は分別のある人だった」と回顧する人も少なくない。先の見えない抑留生活が、彼を変節させていったのであろうか。

ウランバートルでの強制労働

一方、洞穴での生活を強いられていた山田秀三さんはその後、ウランバートル郊外に立つアムグロン収容所に移動となった。ようやく洞穴での生活から脱することができたが、収容所での日々も過酷なものであった。山田さんは建設現場での労働を命じられた。

「現在のスフバートル広場の辺りですよ。今ではウランバートルの中心地として栄えていますが、当時は何もありませんでした。そこで来る日も来る日も、厳しい作業をさせられました。自分たちがなぜこんな仕打ちに遭わなければいけないのか。そんな思いを抱えながら毎日を過ごしていました」

　現在、その地域はウランバートルの中でも最も賑《にぎ》やかな地区となっているが、その中の市役所やオペラ劇場といった建物は日本人抑留者たちがつくり上げたものである。

　アムグロン収容所では、その後も栄養失調などから倒れる者が相次いだ。山田さんは分隊長の立場にあったが、可愛がっていた部下の一人も栄養失調で命を落とした。秋田県出身の二十五歳の青年だった。

「彼のことを思うと、今も胸が痛みます」

　山田さんが帰国できたのは、昭和二十二（一九四七）年十一月。三十歳の時であった。

＊

　山田さんとの取材は、昼食を挟んで行われた。山田さんは注文した「鍋焼きうどん」をきれいに完食された。

「私は食べ物は残しません。当たり前のことですがね」

一〇二歳の老紳士は、そう言って微笑んだ。

モンゴルに建つ慰霊碑

ウランバートルの中心部を歩くと、日本人抑留者たちの「遺作」が次々と目に入る。カザフスタン同様、冷戦時代の建物の多くが老朽化して使えなくなっていく中で、日本人抑留者たちの手による建造物は今なお利用され続けている。

ウランバートル郊外のダンバダルジャーという地には、重病の日本人抑留者が収容された病院があった。その病院で亡くなった者たちは、裏山に埋葬された。

現在、その裏山には慰霊碑が建立《こんりゅう》されている。コンクリート製の立派な慰霊碑は、二〇〇一年に建てられた。碑の前には円形の広場があり、桜を意匠《いしょう》としたレリーフなども設けられている。慰霊碑の管理人であるバーダイ・ネルグィさんはこう語る。

「病院で亡くなった日本人の遺体は、長くこの地に埋葬されたままになっていましたが、一九九四年から一九九七年にかけて、土を掘り起こして遺骨を収集し、日本へ還す事業が行われました」

この事業はモンゴル赤十字社と日本の厚生省（当時）などの共同で実施された。当時、モ

ウランバートル郊外に建つ日本人抑留者の慰霊施設

ンゴル赤十字社の職員として同事業に参加したネルグィさんはこう語る。

「土を掘ると、次から次へと骨が出てきました。少しの骨も残さないように、作業は丁寧に行われました。目の細かな篩《ふるい》に土をかけて、少しの欠片《かけら》も見逃さないようにやるのです。一体が揃ったらその奥、というように順々に掘り進めました。一人でも帰れない方がいたら可哀想だという思いでした」

　掘り出されたご遺骨の数は、八三五柱にも及んだ。ご遺骨はこの地で荼毘《だび》に付した後、日本に送還された。

　発掘作業時の写真を、ネルグィさんに特別に見せてもらった。

　掘り起こされたばかりの数多《あまた》の頭蓋骨が、整然と並べられている。それらはいずれも大きく目を見開いているようにも映る。
灰色の髑髏《しゃれこうべ》たちは、何か言いたげなようにも見えた。
しかし、いくら耳を傾けても声は聞こえなかった。

あとがき

二十代の頃の私は、主に海外の紛争地や貧困地帯の取材をしていた。

ボスニア・ヘルツェゴビナやコソボ自治州といった旧ユーゴスラビアの国や地域では、大人から子供まで多くの人々の涙を見た。パレスチナでは空襲後の街で遺体の焦げた臭いを嗅いだ。

ルーマニアには二年にわたって移住。マンホールで暮らす子供たちへの密着取材を続けた。

そんな海外での取材を重ねるうちに、私の関心が向かって行った先が「日本の戦争」であった。海外でいくら取材に奔走しても、現地の人々から時おり発せられる、

「私たちの気持ちは、他所者《よそもの》の日本人にはわからない」

といった言葉に私は抗《あらが》うことができなかった。彼らの言う通りだと思ったのである。他国の戦争について文字にする困難さを、私は克服できる気がしなかった。そんな私が思ったのが、

（それならば自分が生まれた国の戦争に関する取材をしよう）

ということであった。大東亜戦争を体験した方々の声に真摯《しんし》に耳を傾けてみたい。そう思ったのである。

それがすべての始まりだった。

*

何百人という方々からお話をうかがってきたと思う。しかし残念ながら、被取材者の話のすべてをそのまま活字にすることはできない。記憶違いや誇張が含まれるのは必然だからである。

そこで大切になってくるのが、できる限りの裏付けを尽くすことであった。この点については幾重にも留意しながら、一つひとつの原稿と向き合ってきたつもりである。

今では取材でお世話になった方々の多くが鬼籍に入っている。時には一緒に食事をしたり、お酒を飲みながら、様々な「昭和史」について教えていただいた。そのような記憶の数々は、私にとって忘れがたい思い出であり、何よりの財産でもある。だが同時に、

「あなたのような戦後生まれに、あの戦争のことを書けますかね」

といった指摘をされたことも一度や二度ではなかった。私は結局、海外取材の時と同じような壁にぶつかった。戦争について語る困難さは、未だに克服できない。

しかし、だからこそ、

（史実に忠誠を誓う）

そんな言葉を心の中で繰り返しながら、一歩ずつ取材を続けてきた。
この本はそんな歩みの連なりである。

戦争の昭和史
令和に残すべき最後の証言

著者　早坂 隆

2025年5月5日　初版発行

早坂隆（はやさか・たかし）
1973年、愛知県出身。ノンフィクション作家。『昭和十七年の夏 幻の甲子園』（文藝春秋）で第21回ミズノスポーツライター賞最優秀賞を受賞。著書に『指揮官の決断　満州とアッツの将軍　樋口季一郎』『永田鉄山　昭和陸軍「運命の男」』（ともに文春新書）、『評伝　南京戦の指揮官　松井石根』（育鵬社）などがある。顕彰史研究会顧問。

発行者　佐藤俊彦
発行所　株式会社ワニ・プラス
〒150-8482
東京都渋谷区恵比寿4-4-9 えびす大黒ビル7F
発売元　株式会社ワニブックス
〒150-8482
東京都渋谷区恵比寿4-4-9 えびす大黒ビル
装丁　橘田浩志（アティック）
新昭彦（ツーフィッシュ）
DTP　株式会社ビュロー平林
印刷・製本所　大日本印刷株式会社

ISBN 978-4-8470-6232-2
ワニブックスHP　https://www.wani.co.jp